本書係「敦煌文獻系統性保護整理出版工程」項目成果

二〇二一—二〇三五年國家古籍工作規劃重點出版項目

「十四五」國家重點出版物出版規劃項目

國家古籍整理出版專項經費資助項目

中國國家圖書館藏敦煌文獻

中國國家圖書館 編

第六九册

BD01016～BD01033

國家圖書館出版社

DUNHUANG MANUSCRIPTS IN THE NATIONAL LIBRARY OF CHINA

069

BD01016 ~ BD01033

compiled by the

National Library of China

National Library of China Publishing House

凡例

一　本書刊布中國國家圖書館藏敦煌文獻，以館藏編號爲序編排。

二　館藏編號采用「BD+流水號」格式，如 BD00001, BD16579 等。背面在編號後加 v 表示。一個編號包含多件文獻者，編號後分別綴以字母 A, B, C 等。一件文獻含有多個内容者，以數字 -1, -2, -3 等標明順序。

三　圖版有縮印或放大處另加説明，尺寸超出本書幅面的以摺葉形式呈現。

四　卷軸裝、梵夾裝、經摺裝等裝幀形制的敦煌文獻，各附外觀圖像。

五　每件文獻依次呈現外觀、正面、背面等。背面僅刊布有文字、圖像或其他要素的圖版，而略去素紙部分，背面圖版同樣以從右到左順序編排。凡有外題者，遵從以上原則。

六　除個别特殊情況外，爲保證閱讀連貫、流暢，圖版儘量通欄呈現。

七　各葉上方附該件文獻全圖，以高亮形式顯示本葉大圖在全卷中的位置。部分長卷文獻全圖衹能分多段呈現時，在上段末以 ‹ 符標示下段接續。卷尾内容不足一葉時，文獻全圖使用該圖卷尾部分，亦以 ‹ 符標示。背面圖版文字與正面文字方向相反時，文獻全圖按原貌顯示，正文翻轉呈現，以便閱讀研究，用 ⟲ 符標示。

八　文獻題名大體沿用中國國家圖書館此前所編多部敦煌文獻目録的考證，部分吸收學界最新研究成果略作調整和完善。文獻題名綜合參考原卷首題、尾題、外題確定，如原卷題名與該文獻正式名稱不同，則采用正式名稱；無題名者，或比定題名，或擬定新名。非漢文文獻在題名前標注語種。有分卷不同等其他情況者，括注於文獻名稱後。

九　本書著録使用通行繁體字，涉及原文中的人名、地名等，必要時保留原字形。

About this publication

1. The documents are presented in shelfmark order.
2. The shelfmarks are in the form BD plus a running number, eg. BD00001, BD16579, &c. If a given shelfmark contains multiple documents, these are distinguished by the letters A, B, C, &c. If a document has multiple contents, they are distinguished by the numbering 1, 2, 3, &c. The verso side of an item is indicated by the letter v.
3. If it has been necessary to reduce or enlarge the size of an illustration, the dimensions are indicated. If the size of an illustration exceeds the size of the book, a folding sheet is used.
4. If the document is a scroll, a folded sutra, or has a stitched binding, a picture of the whole object is provided to show its external appearance.
5. The cover, front, and back of each document are reproduced in sequence. The back of a document is only reproduced if it contains text, illustrations, or other markings, and it is oriented from right to left. If it is blank it is not reproduced.
6. Except in a few special cases, the lines of text are reproduced unbroken to make them coherent and easier to read.
7. An illustration of the complete document is reproduced at the top of each page, and the section where the main illustration appears is highlighted in order to indicate its position. If it has only been possible to reproduce a long scroll in sections, the direction symbol has been used to indicate where one illustration ends and the next one begins. If the end of the scroll occupies less than one page, the direction symbol is used to indicate its position in the illustration of the complete document. If the text on the back of the document has a different orientation from the text on the front, it is reproduced as it is, but is also rotated (indicated with the rotation symbol) so that it can be read easily.
8. The titles of the documents generally conform with those already established by the Library, but in some cases have been amended by drawing on the most recent scholarly research. The titles are derived firstly from the beginning of the text, then from the end of the text, and lastly from the cover. If the title of a document differs from its authoritative form, the authoritative form is used; and if a document has no title, one is either supplied by comparison with similar documents, or a new one is devised. If the document is not in Chinese, its language is indicated before the title. If the number of juan is different from that of the authoritative version, or if there are other irregularities, this is noted.
9. The documents in the book are in traditional Chinese characters. Where the title contains personal or place names, the original characters used for these names are retained.

(Translated by David Helliwell)

第六九册目録

BD01016 大般若波羅蜜多經卷一〇九

（唐）玄奘 譯

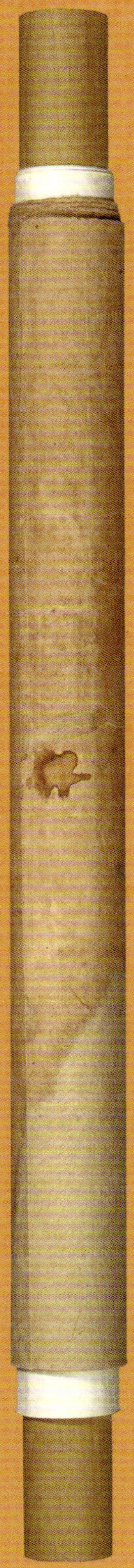

77cm × 25.8cm

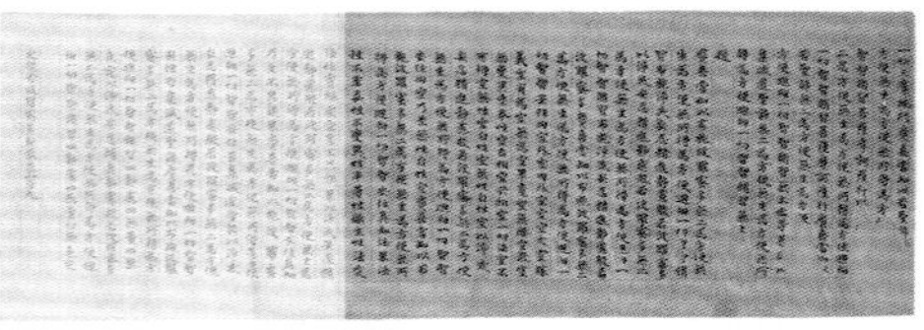

一切三摩地門慶喜當知以苦聖諦
方便無生為方便無所得為方
智智脩習菩薩摩訶薩行以
二為方便無生為方便無所得為方便迴向
一切智智脩習菩薩摩訶薩行慶喜當知以
苦聖諦無二為方便無生為方便
方便迴向一切智智脩習無上正等菩提以
集滅道聖諦無二為方便無生為方便無所
得為方便迴向一切智智脩習無上
提
慶喜當知以布施波羅蜜多無二為方便無
生為方便無所得為方便迴向一切智智脩
習布施淨戒安忍精進靜慮般若波羅蜜多
以淨戒安忍精進靜慮般若波羅蜜多無二

若方便無生為方便無所得為方便迴向一
切智智脩習布施淨戒安忍精進靜慮般若
波羅蜜多慶喜當知以布施波羅蜜多無二
為方便無生為方便無所得為方便迴向一
切智智安住內空外空內外空空空大空勝
義空有為空無為空畢竟空無際空散空
無變異空本性空自相空共相空一切法空不
可得空無性空自性空無性自性空以淨戒
安忍精進靜慮般若波羅蜜多無二為方便
無生為方便無所得為方便迴向一切智智
安住內空乃至無性自性空慶喜當知以布
施波羅蜜多無二為方便無生為方便無所
得為方便迴向一切智智安住真如法界法
性不虛妄性不變異性平等性離生性法定

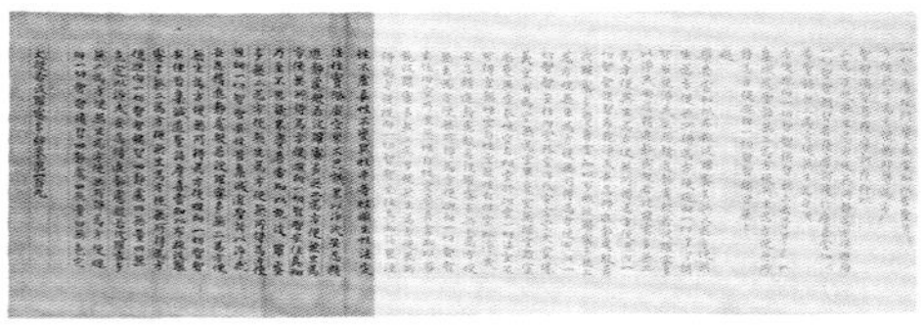

性不虛妄性不變異性平等性離生性法定
法住實際虛空界不思議界以淨戒安忍精
進靜慮般若波羅蜜多無二爲方便無生爲
方便無所得爲方便迴向一切智智安住真如
乃至不思議界慶喜當知以施波羅蜜
多無二爲方便無生爲方便無所得爲方便
迴向一切智智安住苦集滅道聖諦以淨戒
安忍精進靜慮般若波羅蜜多無二爲方便
無生爲方便無所得爲方便迴向一切智智
安住苦集滅道聖諦慶喜當知以布施波羅
蜜多無二爲方便無生爲方便無所得爲方
便迴向一切智智脩習四靜慮四無量四無
色定以淨戒安忍精進靜慮般若波羅蜜多
無二爲方便無生爲方便無所得爲方便迴

向一切智智修習四靜慮四無量四無色定

大般若波羅蜜多經卷第一百九

BD01017 洞真上清經鈔（擬）

535.4cm × 25.9cm

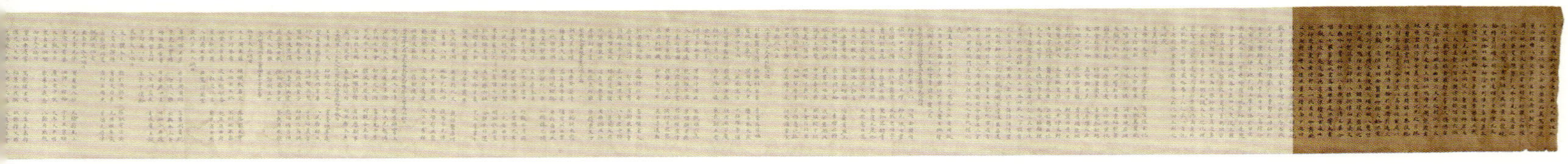

玉室彈金鳴鈴飛飈遠逸王司九天雜任外
化洞察十方領括天岳命紫微而冀駕攝晨
景而理轡八帝受事於玉軒五老北朝於日
闕乃眺神於大有之方迴眄於妙羅之內權
八化於紫皇求隱符於天外將見大道君之
遊行八景次駕八素迴炯玉輿洞景太霞繞
輪絳晨列燭二明合軒連暉万刃發曜九天
五星駈除北極命神陰甲列陣千真侍晨太
帝碚塗四明扶輪西皇肅節東華楊幡五霞
纏曜太无涌炯八風洞波二象迴玄神虎七
千以大獅毒龍九百而開津猛旅唱塗六領
銜山伏獸前駈維禽羅豺長豪百尺騰儛雷
震蹻阜傾河飈蕩幽源六天為之損伏凶夫

炁之自[illegible]於是玄上拍仙鳴轡九衢龍霞玄
竦變雲椄浮帶七晨之夜景昇九光之月珠
華香散藹寶炯八嵎丹旗道精錦羽紫扶旌
旄羽節麾蓋霄丘命曲晨以高舉佼豈庭以
昭无轡九軿於上館儛玉輪於丹衢於是三
塗悟觀二道慎生明金鬱羅仰擲火鈴流電
楊絳行日運精天威煥赫三燭合明八鸞唱
塗九鳳同鳴捶金折玉浪鍾拍瓊於碧鼓之
玄璞叩龍鼓草之碎碎八狼銜律而晨飛文
帬雜吟以霄征神姬八百歌儛上清玉華合
唱天女羅箏龍吹雲落厲樂虛庭流響太素
迴觀五城於是道備德尊逸浪瓊庭玄威七
煥神邑清靈五老侍軒太一扶生司命齊飈
公子同軿迴轡八塗流景九精五帝下迎四

BD01017　洞真上清經鈔（擬）

公子同軿迴轡八溟流景九精五帝下迎四
眄三清太素揮投三元詣房龜母奉録豔妃
獻章侍晨拂莛玉童散香曜九乘於帝圖歌
豔虛之邕邕廣聽嘈囐於玉臺擊石拂騻於
金堂五靈纏蓋八素朗章招日月之高精命
七宿之靈剄儛十絕於燭山摩華幡於白空
乘晨風而庁八景轡絳霞而眺龍峰於是雙
皇合輦万靈翼飈煥落七度四遐逍遙大羅
六慧高浪晨條貞韻廣敎虛靈峙霄揔映万
天發洞暢幽滯眄衆品傾察神朝万真受事
于玉禁七星稽首乎神樹斯誠太上之化理
高聖之所寂以是故天尊妙貴靈德高秀非
紙札翰墨所能寫載略舉千分之㦲一百說
末迹於餘事豈足探至尊之品化測天淵之

源始共

玉晨頌二首

玄轡浪太空　眇景陟晨霄　高聖權玄化
七皇陪玉朝　十天帶瓊禁　太微冀靈飈
咀嚼佪絳霞　沖味六領絛　洞景煥虛烟
至觀不傾彫　空中響秘音　隨靈結龍簫
窈窕玉晨觀　緬邈霞連遼　俯仰抱靈化
理會非我要　瞋眸皇闔表　壹覺齡劫超
太上九司命　高聖樹玉晨　瓊房構太虛
七映沖九玄　豁落丹霄觀　寶景躡龍烟
手擬絳琳葩　足濯万澧津　軿靈白景王
御梵沖融天　太微顯皇階　五老侍朱軒
七聖掌億塗　欝悅万地原　誰能應茲化
九天有司尊　良德飲帝室　惡子結禍根

九天有司尊　良德飲帝室　惡子結禍根
上清高聖玉晨太上大道君列記上天禁法
不傳於世侍經玉童玉女各卅五人常散香
於左右焉若非登齋入室恒可誦讀誦讀靈
記則非神仙不死試觀險巇不得陳矣若違
慢輕泄傳非其人則玉童玉女記非罪過言
出身禍上聞三天帝君削符司命奪年三官
執巾罪為滅門連逮七祖長配水官非慎之
哉
高蓋南山在南岳霍山之東其山五重周旋
五百里高極千刃危靈仙芝草及碧玉琳瓊
之樹生於其上絳雲青霞常覆之焉
紫微夫人初受太丹隱書洞真玄經時先作此頌
絳景浮玄晨　紫軒乘雲征　卯超金闕乃

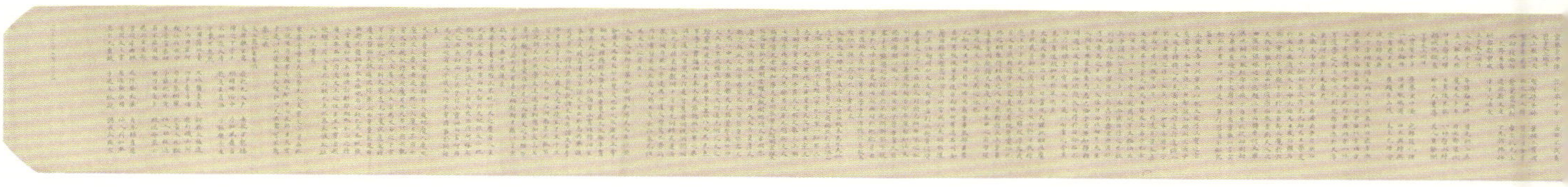

徘徊西華城　東霞啓五暉　神元煥七靈
翳映巳三燭　流任自齊冥　風鼓空同宇
香烟散玉庭　手攜織女儛　雙衿落錦青
左佪文羽旗　華蓋隨雲傾　宴寢九度外
是非不我營　抱空泥丸內　天姿愈日嬰
豈同惡穢中　燦燦无聊生
扶桑翠空峰　朱雲苞暉明　滄臺霄虛上
四觀映高清　飛景控紫輪　三素攣丹軿
偃晏太帝館　羲曹阿母庭　濯漱碧瀨波
提挈玉體嬰　曲晨乘風扇　飈瑤時下傾
整適圮藹中　迴駕巳良貞　玄會自相要
流浪任玄冥　始知榮辱牽　方悟憂促齡
曲室可清靜　頤真待日成　何為講當塗
百病從此生
上[illegible]

BD01017　洞真上清經鈔（擬）

百病從此生

上清真人三天君列記內誦

北龍鬱霄藹　絳樹結紫華　青蘂落鳳林

碧㮈秀巖阿　靈闕陵太空　瓊房叅太霞

雷興曲室內　八風飛寘沙　九弦彈帝牖

龍唱簫節和　扇飈五岳嶺　握固徵万魔

顧眄須臾頃　忽然捲已過　哀哉朝生者

安知齡紀多

偶景希琳宮　運神沖漠幽　至觀映六庭

大小盡逍遙　龍吹纏五雲　虎嘯駭万條

三素硲高圖　丹霞蔚晨霄　羽旂橫靈津

紫軿飛華翘　控轡九天外　俯仰目冥冥

塵滓結蹈穢　神喪炁亦彫　奚不尋遠劫

八千乃一朋

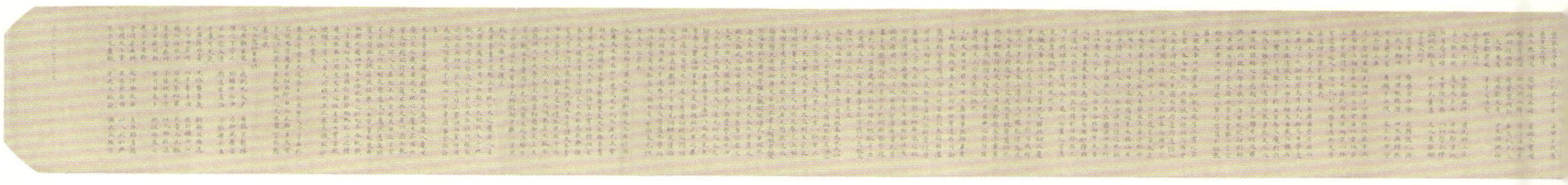

翱濟碧海波　飛輪舞綠房　高唱疇冥文

扇蓋越滄浪　三契玉霄賓　五期東華童

羽飈外帝晨　晏山廣寒宮　八音虛中彈

紫鳳唱靈風　絳霞遏明曜　八景飛太空

咀嚼瓊泉津　浩秀迴嬰蒙　至樂頤五神

年積劫刃崇　脫屣良何難　勞擾喪天沖

紫微夫人當授書先作頌三篇

朝駕晨景暉　逸轡登紫清　浮輪騁太霞

揚蓋廣寒庭　高真森帝室　墉宮列西靈

十絕儛空洞　飛烟繞錦旍　帍旂扇神風

慶雲迴龍軿　僄欻眄八方　一顧椿已傾

簫簫玄鏡子　奚不尋泰生

神圃秀隱芝　泯池灌瓊田　眄觀玉清闕

差義臨絳津　紫霞映帝席　五雲曜九玄

BD01017　洞真上清經鈔（擬）

羲臨絳津　紫霞映帝席　五雲曜九玄
八風起絶宇　幽鵠繞軒閭　三元舍西宮
東華有佳人　北賓唱七嘯　明妃歌南真
撫璈操朱津　玉節揚六弦　合契安非運
俱嚮廣風懸　同期命万魔　宅此羣累千
超然來何難　乃佁不窮年
駕无眄空洞　乘景想九天　龍旗鬱廣暉
羽盖生八烟　飈輪无軌滯　我馬亦无津
握節入東華　夕晏玄閬嶺　束帶携五靈
解衿翹良人　寘感自適運　汎然亦有緣
俱齊淩蕭翮　一扇動億千
西王母降元君登形容放窈窕四暢徐乃擊節而歌曰
駕我八景輿　欻然入玉清　龍帬拂霄上
肅旆攝朱兵　逍遥玄津際　万流无蹔亭

袞山去留會　劫盡天地傾　當尋无中景
不死亦不生　體彼自然道　寂觀合太冥
南岳挺真幹　玉映曜穎精　有任靡期事
虛心自受靈　嘉會絳河內　相與樂未央
王母歌畢三元夫人憑雙礼珠彈雲璈而荅歌曰
玉清出九天　神館飛霞外　霄臺煥蓋峩
靈夏秀翳蔚　五雲興翠華　八風扇綠烝
仰吟消魔詠　俯研智與慧　万真啓晨景
唱期絳房會　挺穎德音子　神映乃高拂
天岳淩空構　洞臺深幽邃　遊海悟井源
履真覺世穢　儛輪晏重室　筌魚自然廢
迴我大椿羅　長謝朝生世
太上智慧洞真三寶徊玄十方品章
北方太上頌曰

北方太上頌曰
太上開玄蘊　煥爛敷真文　落落散天寶
十方所恭尊　不始亦不終　不明故不昏
仰登玉京臺　逍遥鵠崐崘　超度泉曲府
魔王顒欲聞　七祖受化生　解我宿世愆
入控飛玄景　出駕浮紫雲
東北方太上頌曰
重暉曜玉晨　乗景開圓明　苕苕洞真殿
晃晃七寶精　一念渡八難　長與太上并
纏旋獻黃景　日華靈中生　世知小乘道
莫聞智慧經　大矣洞真戒　玄感魔王誠
万劫若一息　豈計千億齡
東方太上頌曰
太上體本无　殺形度弱喪　務歆宣法術

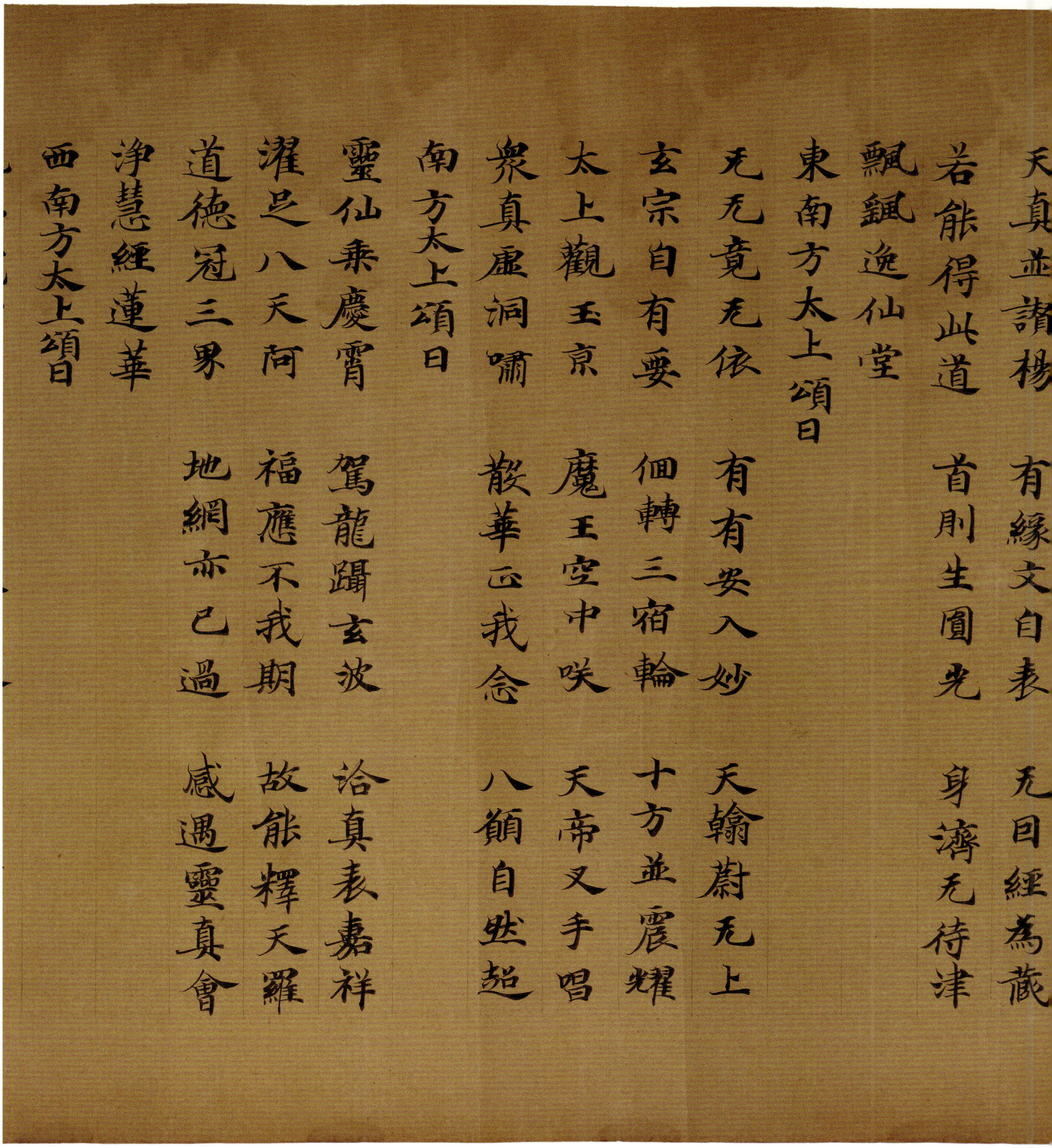

天真並諸楊　有緣文自表　无曰經為藏
若能得此道　首刖生圓光　身濟无待津
飄飖逸仙堂
東南方太上頌曰
无无竟无依　有有安入妙　天輸蔚无上
玄宗自有要　佃轉三宿輪　十方並震耀
太上觀玉京　魔王空中咲　天帝叉手唱
衆真虛洞嘯　散華㐂我念　八顉自然超
靈仙乘慶霄　駕龍躡玄波　洽真表嘉祥
南方太上頌曰
濯足八天河　福應不我期　故能釋天羅
道德冠三界　地網亦已過　感遇靈真會
淨慧經蓮華
西南方太上頌曰

西南方太上頌曰
无上覺四輩　芒芒大方外　幽顯諒有由
无幽故不昧　来羅運玄輪　真仙萃華薈
時遊眇莽間　天人无見除
西方太上頌曰
靈妙奇宣迎　天人有津岸　汎舟不測淵
恒恐風波涣　其緣有奇力　智勢誰能筭
冉冉任玄樞　昭然冥回判　挺穎應真子
靈琴空中彈　談礼㳟十方　去留不我羨
西北方太上頌曰
太上敷洞文　賢賢歸本緣　蕭條三寶園
繁華秀我回　伯史興入精　質淨生金身
終刼復始刼　愈覺靈顏新　希度礼无上
文降至真　道林對天京　下光諸地仙

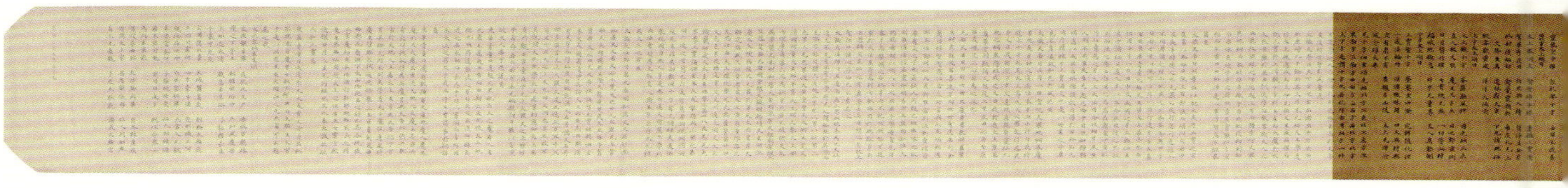

縱容散靈感　洋洋大法宣
上方太上頌曰
太上觀十方　菴藹融風穆　圓光映三辰
真人被天服　魔王叉手立　司迎酆京側
日月翳行曜　七寶煥无極　一切營此時
禍滅地獄息　眇乎无量尊　天人莫能測
下方太上頌曰
三寶繁十方　亹亹空中澄　究轉隨化理
一感法輪外　漠漠曖昧間　四大與時興
空有靡不有　崔巍多山陵　太上无滯念
滅念歸大乘
凡十方徊玄頌先始北方次東北次東方次
東南方正南方西南方正西方西北方北方
上下方是謂十方也若礼拜亦用此方一拜

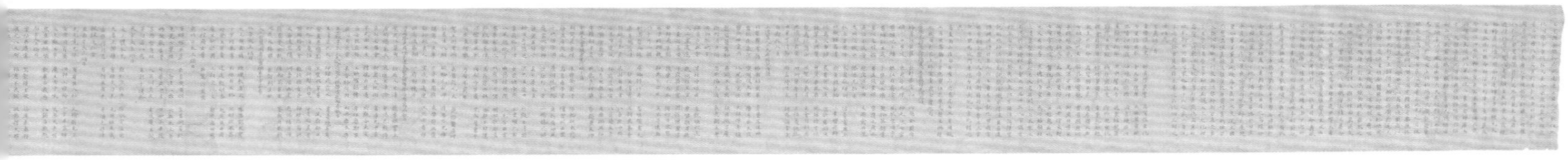

上下方是謂十方也若礼拜亦用此方一拜
可道學之人正念心礼則是暢玄志於天尊
矣復何必勞形風塵哉
太微天帝曰夫十方迴玄品者出乎自然而
然虛峙九千餘劫其文乃見元始天王學道
於太上後道成太上命元始天王感而撰爲
總三寶於上清觀十方於玉京却大魔於六
天極苦難於泉曲訓道學而敷業拯天人之
幽邈極根緣之滯總超三界而獨步何天羅
與地網而敢絓耶希微乎自然故從劫到劫
而弗休矣煥乎奇文蔚然章矣實難以言宣
秘而不書口口相傳是以單行智慧不假衆
篇矣
太微天帝曰此章品以配大戒乃三寶之宗

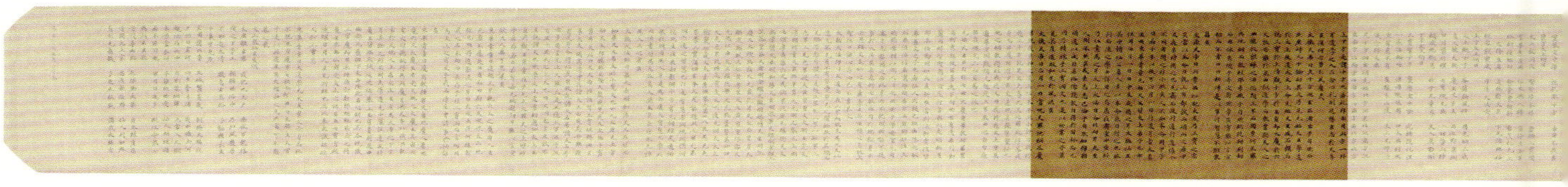

矣當以本命日誦三百部誦而頌此文若中
及夜半時脩之也先齋而後行道行道慎令
不同者聞之非小故矣人不知本命用甲子
日若十年以後可正月一日行道耳昔太真
王母東華青童元始天王皆太上弟子也亦
但用正月一日日中及夜脩之耳太極仙王
其中諸仙公真人多以本命辰日行之也故
列而陳之學士詳用之爲患在齋室中坐卧
乃任意為之耳太上大法自命北向耳夫至
人則不然矣或坐忘忘己淪乎自然如彈指
須道以成非若俗儒談放自得於匈衿而已
内乃精練乎三寶洞文也是以世業之子莫
見其崖造故和光於風流矣
太微天帝日正月一日當呪天羅地網及魔

太微天帝曰正月一日當呪天羅地網及魔
界脫我身神之道其法未平旦小許曰我將
遊上十方礼見太上尊九天之羅敢得落我
身又曰我將遊下方交通地真提携靈仙九
地之網敢得絓我足又曰我將遊太上京晏
適華堂洞觀諸天超度三界泉曲之府勿復
留我魂凡三正月為之休也
元始天王曰自非七世大慶重華數係累葉
垂柯秀挺後苗善逸万劫世世有道名刊金
簡因緣賢聖應仙念度何當與此戒頌相遇
耶其法物同如大戒科唯當別依科賷信皆
奉有文之子也若仙人所授已坦幽味之故
則弗須法信若靈神相告亦具盟物如法夫
惚惚者胡以則人心之必然乎學者當先自

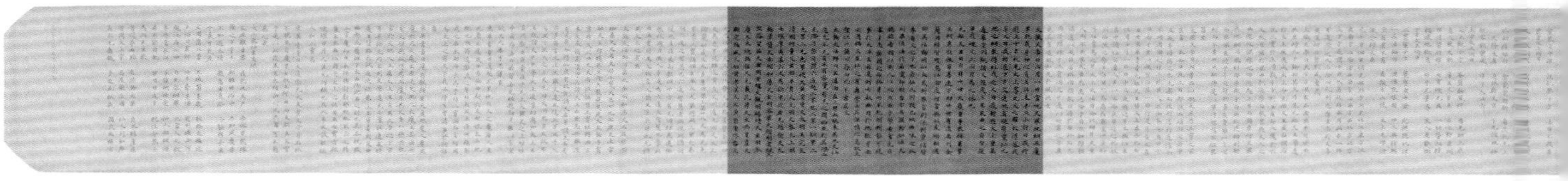

晝夜志能脩之而終身必不犯明科能可從
事於大法矣若違科七祖幽囚於地獄身亦
必遇禍矣豈仙之有兾學士其深慎之焉故上
聖但口誦心存而已不書其文
太極大法師曰五通尚在三界此故未為也夫仙
道无不无有不有能覺有无之閒緬然於其際而
无際乃能自體六通超三界也三界一欲界二
色界三无色界從太黄皇曾天太明玉完天
清明何童天玄胎平育天元明文舉天上明
七曜摩夷第六天為欲界從虛无越衡天太
極濛翳天赤明和陽天玄明恭華天耀明宗飄天
竺落皇笳天虛明堂耀天觀明端靖天玄明恭
慶天太煥極瑤天元載孔昇天太安皇崖天
顯定極風天始黄孝芒天太黄翁重浮容天

顯定極風天始黃孝芒天太黃翁重浮容天
无思江由天上蹀阮樂天无極曇誓第廿四
天為色界從晧庭霄度天淵通元洞天太文
翰寵妙成天太素秀樂禁上第廿八天為无色
界學三寶誦𠕋玄奉大戒能超此三界之表
洞六通之智慧也六通智慧者洞視洞聽洞
彼死生往来劫數洞十方有无洞經戒道俗
教化洞自然人身是為六通大智慧也學此
内法者皆為太極真人登玉京長存永无恒
為太上之賔矣
太極大法師曰第九赤明和陽天又名妙安
枷屢天又名太妙小梵天也廿九太虛无上常
融天大釋騰勝玉隆天龍變梵度天太極平育
賈弈天此四天天帝恒誦習三寶經轉𢌞玄

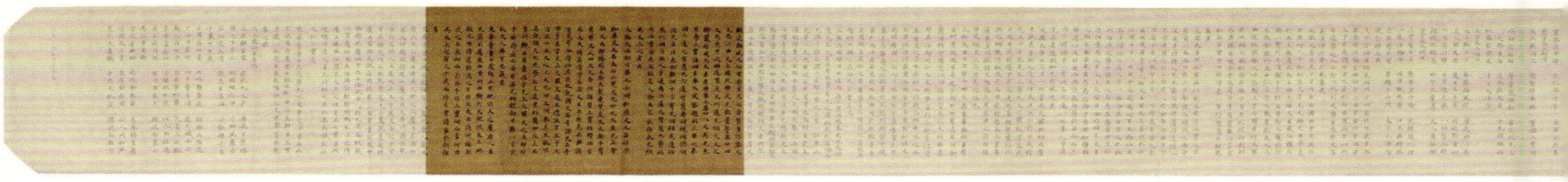

奉大戒脩齋清淨其諸天王亦然志共稱讚
有戒身令得仙度矣故說諸天名号諸天名号
亦多矣言无上大羅天是五億五万五千五
百五十五天之上天也四天洞參其匹故不
具說諸天也然學太上道業約應知太上玉
京所觀玉京臺在乎无上大羅天之上眇眇
乎若存若亡若有若无緬邈劫刃難以言宣
故天人弗可思議矣
東華青童曰道超三界統六天之魔府人生
死靡不屬泉曲者而由斯六天配役太山地
獄也唯得道能渡之耳非大戒亦復何緣削
我之名永劫而長存乎非三寶洞而當何曰
為太上之賓友乎我每侍坐曾請事於斯語
矣

矣
東華青童曰魔有數種有天魔地魔人魔鬼
魔六天大魔王者是天地之大魔王其宿世
有大功德故得爲此魔目與天帝比德共執
事於天地人上屬太上玉京爲天帝之下官
耳其餘无所不制夫學道先小魔試道成時
魔王皆臨大試過便保舉上玉京臺削泉曲
幽都死籍斑下太山除地名之録也其各統職
三官魔神鬼兵保衛討姧耶魍魎不正之精
魔王衆品仙府受太上之任矣並七寶宮殿
煥耀日月人生死所經也其政奉大誡故欲
人弘三寶焉
東華青童曰夫道學无大哉寶文子身名終
不抗鬼府魔界七祖亦可由而反胎生天宮

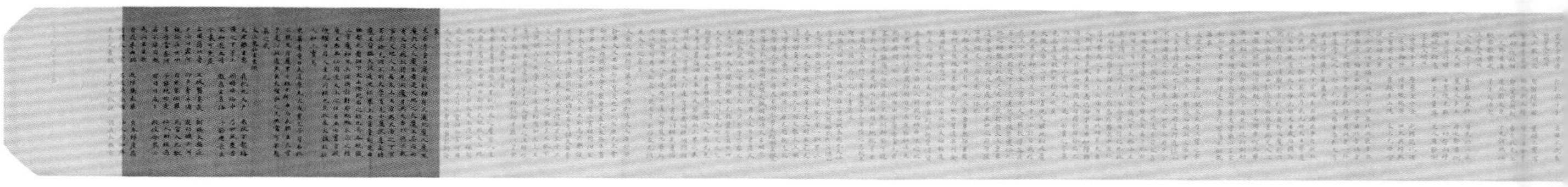

乎是以山道至寔大聖弥之凡流胄可不慕
慕之哉

太上衆仙玄坐頌

太虚雜玄寂　我把九天戶　乘彼万龍椿
翛之下芳土　顧瞻世俗中　乃知風塵喾
不知遊太清　戲息玄真路　子能樂長生
千載可免度
玄圃藹北臺　五城鬱嵳峩　朝發太極庭
夕泊日窟间　仰步牽牛渚　遊盻織女河
視汝在世中　自然嬰網羅　死當入九獄
幸喾當奈何　子能絶世愛　仙人相經過
若不能自勉　罪目日成多　縱伎命衆女
為此玄坐歌
昔我尋幽跡　遊陟登太華　負岑緣崖嶺

昔我尋幽跡　遊陟登太華　負岑緣崖嶺

借問太上家　忽遇嶽徵國　仙人列如麻

真形无塵穢　手足互紛葩　謂我太極宫

寫未了語不盡覓本勘

BD01018 金剛般若波羅蜜經

（後秦）鳩摩羅什 譯

114.5cm × 25.3cm

提復次須菩提是法
平等无有高下是名阿耨多羅三藐三菩提
以无我无人无衆生无壽者脩一切善法則
得阿耨多羅三藐三菩提須菩提所言善法
者如来說非善法是名善法
須菩提若三千大千世界中所有諸須弥山
王如是等七寶聚有人持用布施若人以此
般若波羅蜜経乃至四句偈等受持讀誦
為他人說於前福德百分不及一百千万億分
乃至筭數譬喻所不能及
須菩提於意云何汝等勿謂如来作是念我
當度衆生須菩提莫作是念何以故實无有
衆生如来度者若有衆生如来度者如来則
有我人衆生壽者須菩提如来說有我者則

非有我而凡夫之人以爲有我須菩提凡夫
者如來說則非凡夫
須菩提於意云何可以三十二相觀如來不須
菩提言如是如是以三十二相觀如來佛言須
菩提若以三十二相觀如來者轉輪聖王則是
如來須菩提白佛言世尊如我解佛所說義
不應以三十二相觀如來尒時世尊而說偈言
若以色見我　以音聲求我　是人行邪道　不能見如來
須菩提汝若作是念如來不以具足相故得
阿耨多羅三藐三菩提須菩提莫作是念如
來不以具足相故得阿耨多羅三藐三菩提
須菩提汝若作是念發阿耨多羅三藐三菩
提者說諸法斷滅相莫作是念何以故發阿耨
多羅三藐三菩提者於法不說斷滅相須菩
提若菩薩以滿恒河沙等世界七寶布施若

多羅三藐三菩提者扵法不說斷滅相須菩
提若菩薩以滿恒河沙等世界七寶布施若
復有人知一切法无我得成扵忍此菩薩勝
前菩薩所得功德須菩提以諸菩薩不受福
德故須菩提白佛言世尊云何菩薩不受福德
須菩提菩薩所作福德不應貪著是故說不受
福德
須菩提若有人言如来若来若去若坐若卧
是人不解我所說義何以故如来者无所從
来亦无所去故名如来
須菩提若善男子善女人以三千大千世界
碎為微塵扵意云何是微塵衆寧為多不
甚多世尊何以故若是微塵衆實有者佛則不
說是微塵衆所以者何佛說微塵衆則非微

塵衆是名微塵衆世尊如來所說三千大千
世界則非世界是名世界何以故若世界實
有者則是一合相如來說一合相則非一合
相是名一合相須菩提一合相者則是不可
說但凡夫之人貪著其事須菩提若人言佛
說我見人見衆生見壽者見須菩提於意云
何是人解我所說義不世尊是人不解如來
所說義何以故世尊說我見人見衆生見壽
者見即非我見人見衆生見壽者見是名我
見人見衆生見壽者見須菩提發阿耨多羅
三藐三菩提心者於一切法應如是知如是
見如是信解不生法相須菩提所言法相者
如來說即非法相是名法相須菩提若有人
以滿无量阿僧祇世界七寶持用布施若有

以滿无量阿僧祇世界七寶持用布施若有
善男子善女人發菩薩心者持於此經乃至
四句偈等受持讀誦為人演說其福勝彼云
何為人演說不取於相如如不動何以故
一切有為法　如夢幻泡影　如露亦如電　應作如是觀
佛說是經已長老須菩提及諸比丘比丘尼
優婆塞優婆夷一切世間天人阿脩羅聞佛
所說皆大歡喜信受奉行

金剛般若波羅蜜經

BD01019 大般涅槃經卷三五

（北涼）曇無讖 譯

791.3cm×25cm

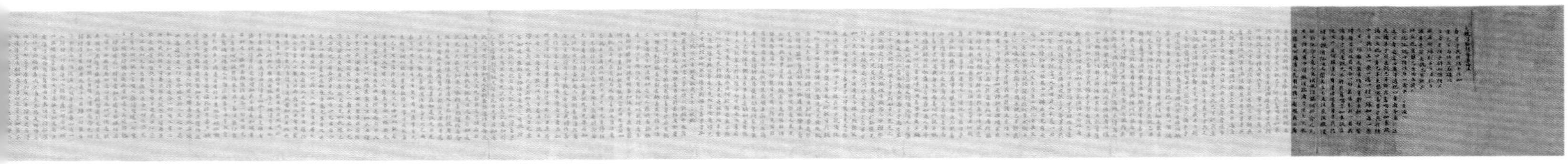

大般涅槃經卷苐卅五
善男子我於經中作如
重已不名比丘名破比
生善芽種子譬如燋種不
須善斯褒引不生果犯重

諸弟子聞是說已不解我
比丘犯重禁已失比丘戒ヒ
為純陀說四種比丘一者畢竟到道二
道三者受道四者汙道犯四重者即是汙道
我諸弟子聞是說已不解我意唱言如來說
諸比丘犯四重已不失禁戒善男子我於經
中告諸比丘一乘一道一行一緣如是一乘
乃至一緣能為衆生作大寂靜永斷一切繫
縛愁苦苦及苦因令一切衆生到於一有我
諸弟子聞是說已不解我意唱言如來說須
陁洹乃至阿羅漢人皆得佛道善男子我於
經中說須陁洹人間天上七反往來便般涅
槃斯陁含人一受人天便般涅槃阿那含人凡
有五種或有中間般涅槃者乃至上流般
涅槃者阿羅漢人凡有二種一者現在二者
未來現在之斷煩惱五陰未來之斷煩惱五

涅槃者阿羅漢人凡有二種一者現在二者
未來現在〻斷煩惱五陰未來〻斷煩惱五
陰我諸弟子聞是說已不解我意唱言如來
說須陁洹至阿羅漢不得佛道善男子我於
此經說言佛性具有六事一常二實三真四
善五淨六可見我諸弟子聞是說已不解我
意唱言佛說衆生佛性離衆生有善男子我
又說言衆生佛性猶如虛空虛空者非過去
非未來非現在非內非外非是色聲香味觸
攝佛性亦尒我諸弟子聞是說已不解我意
唱言佛說衆生佛性離衆生有善男子我又
復說衆生佛性猶如貧女宅中寶藏力士額
上金剛寶珠轉輪聖王甘露之泉我諸弟子
聞是說已不解我意唱言佛說衆生佛性離
衆生有善男子我又復說犯四重禁一闡提
人謗方等經作五逆罪皆有佛性如是衆生

者所善法佛性是善我諸弟子聞是說已不
解我意唱言佛說衆生佛性離衆生有善男
子我又復說衆生者即是佛性何以故若離
衆生不得阿耨多羅三藐三菩提是故我與
波斯匿王說於象喻如盲說象雖不得象亦
不離象衆生說色乃至說識是佛性者亦復
如是雖非佛性非不佛性如我爲王說箜篌
喻佛性亦尒善男子我諸弟子聞是說已不
解我意作種種說如盲說乳佛性亦尒以是
因緣或有說言犯四重禁謗方等經作五逆
罪一闡提等悉有佛性或說言无善男子我
於處處經中說言一人出世多人利益一國
土中二轉輪王一世界中二佛出世无有是
處一四天下八四天王乃至二他化自在天
亦无是處然我乃說從閻浮提阿鼻地獄上
至阿迦膩吒天我諸弟子聞是說已不解我

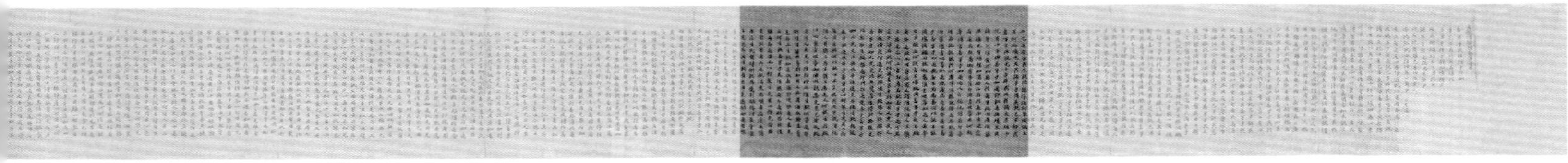

之无是處然我乃說從閻浮提阿鼻地獄上
至阿迦膩吒天我諸弟子聞是說已不解我
意唱言佛說无十方佛我之於諸大乘經中
說有十方佛善男子如是諍訟是佛境界非
諸聲聞緣覺所知若人於是生疑心者猶能
摧壞无量煩惱如須弥山若於是中生決定
者是名執著迦葉菩薩白佛言世尊云何執
著佛言善男子如是之人若從他聞若自尋
經若他教故於所著事不能放捨是名執著
迦葉復言世尊如是執著爲是善耶是不善
子善男子如是執著不名爲善何以故不能
摧壞諸疑网故迦葉復言世尊如是人者本
自不疑云何說言不壞疑网善男子夫不疑
者即是疑也世尊若有人謂須陁洹人不墮
三惡是之人之當名著名疑善男子是可名
之不尋名疑可以故善男子譬如有[illegible]光見之

樹後時夜行逢見杌樹便生疑想人耶樹耶
善男子如人先見比丘梵志後時於路逢見
比丘即生疑想是沙門耶是梵志乎善男子
如人先見牛與水牛後遙見牛便生疑想彼
是牛耶是水牛乎善男子一切衆生先見二物
後便生疑何以故心不了故我亦不說須陁
洹人有隨三惡不隨三惡是人何故生於疑
心迦葉言世尊如佛所說要先見已然後疑
者有人未見二種物時亦復生疑何等是耶
所謂涅槃世尊譬如有人路遇濁水然未曾
見而亦生疑如是水者深耶淺耶是人未見
云何生疑善男子夫涅槃者即是斷苦非涅
槃者即是苦也一切衆生見有二種見苦非
苦苦非苦者即是飢渴寒熱瞋喜病瘦安隱
老壯生死繫縛解脫恩愛別離怨憎聚會衆
生見已即便生疑當有畢竟遠離如是苦惱

生見已即便生疑當有畢竟遠離如是苦惱
事不是故衆生於涅槃中而生疑也汝意若
謂是人先來未見濁水云何疑者是義不然
何以故是人先於餘處見已是故於此未曾
到處而復生疑世尊是人先相深淺處時已
不生疑於今何故而復生疑佛言善男子本
未行故所以生疑是故我言不了故疑
迦葉菩薩白佛言世尊如佛所說疑即是著
著即是疑爲是誰耶善男子斷善根者迦葉
言世尊何等人輩能斷善根善男子若有聰
明黠慧利根能善分別遠離善友不聽正法
不善思惟不如法住如是之人能斷善根離
是四事心自思惟无有施物何以故施者即
是捨於財物若施有報當知施主常應貧窮
何以故子果相似故是故說言无因无果若如
是无因无果是則名爲斷善根也復作是

令施主受者及以財物三事无常无有停住
若无停住云何說言此是施主受者財物若
无受者云何得果以是義故无因无果若如
是說无因无果當知是人能斷善根復作是
念施主施時有五事施受者受已或時作善
或作不善而是施主亦復不得善不善果如
世間法從子生菓菓還作子因即施主果即
受者而是受者不能以此善不善法令施主
得以是義故无因无果若如是說无因无果
當知是人能斷善根復作是念无有施物
何以故施物无記若是无記云何而得善果
報耶无善惡果即是无記財若无記當知則
无善惡果報是故无施主无因无果若如是
說无因无果當知是人能斷善根復作是念施
者即意若如是者无見无對非是色法若非
是色云何可施是故无施无因无果若如是

是色云何可拖是故无拖无因无果若如是
說无因无果當知是人能斷善根復作是念
拖主若為佛像天像命過父母而行拖者則
无受者若无受者應无果報若无果報是為
无因若无因者是為无果若如是說无因无
果當知是人能斷善根復作是念无父无母
若言父母是衆生因生衆生者理應常生无
有斷絶何以故因常有故然不常生是故當
知无有父母復作是念无父无母何以故若
衆生身因父母有一人應具男女二根然无
具者當知衆生非因父母復作是念非因父
母而生衆生何以故眼見衆生不似父母謂
身色心威儀進止是故父母非衆生因復作
是念一切世間有四種无一者未生名如无
泥團時未有瓶用二者滅已名无如瓶壞已
是名為无三者各異互无如牛中无馬馬中

无牛匹者畢竟若无如兔角龜毛蛇足父母
之復如是同此四无若言父母衆生因者父
母死時子不必死是故父母非衆生因復作
是念若言父母衆生因者應因父母常生衆
生然而復有化生濕生是故當知非因父母
衆生生也復作是念自有衆生非因父母而
得生長譬如孔雀聞雷振聲而便得身又如
青雀飲雄雀淚得而便得身如命命鳥見雄者
儛即便得身作是念時如其不遇善知識者
當知是人能斷善根復作是念一切世間无
善惡果何以故有諸衆生具十善法樂行惠
施懃脩功德是人亦復疾病集身中年夭喪
財物損失多諸憂苦有行十惡慳貪嫉妬懶
惰懈怠不脩諸善身安无病終保年壽多饒
財寶无諸愁苦是故當知无善惡果復作是
念我亦曾聞諸聖人說有人脩善命終多墮

念我亦曾聞諸聖人說有人脩善命終多隨
三惡道中有人行惡命終生於人天之中是
故當知无善惡果復作是念一切聖人有二
種說或說煞生得善果報或說煞生得惡果
報是故當知聖說不定聖若不定我云何定
是故當知无善惡果復作是念一切世間无
有聖人何以故若言聖人應得聖道一切衆
生具煩惱時脩正道者當知是人正道煩惱
一時俱有若一時有當知正道不能破結若
无煩惱而脩道者如是正道為何所作是故
具煩惱者道不能壞不具煩惱道則无用是
故當知一切世間无有聖人復作是念无明
緣行乃至生緣老死是十二因緣一切衆生
等共有之八聖道者其性平等亦應如是一
人得時一切應得一人脩時應一切苦滅何
以故同怨等故而今不尔是故當知无有正

道復作是念聖人皆有同凡夫法所謂飲食
行住坐卧睡眠喜咲飢渴寒熱愁憂恐怖若
同凡夫如是事者當知聖人不得聖道若得
聖道應當永斷如是等事如是等事如其不
斷當知无道復作是念聖人有身受五欲樂亦
復罵辱撾打於人嫉妬憍慢受於苦樂作善
惡業是因緣故知无聖人若有道者應斷是
事是事不斷當知无道復作是念多憐愍者
名為聖人何因緣故名為聖人道因緣故名
為聖人若道性憐愍便應愍念一切衆生不
待脩已然後方得如其无愍何故聖人因得
聖道能憐愍耶是故當知世无聖道復作是
念一切四大不從因生衆生等有是四大性
不觀衆生是邊應到彼不應到若有聖道性
應如是然今不尒是故當知世无聖人復作
是念若諸聖人有一涅槃當知是則无有聖

是念若諸聖人有一涅槃當知是則无有聖
人何以故不可得故常住之法理不可得不
可取捨若諸聖人涅槃多者是則无常何以
故可數法故涅槃若二人得時一切應得涅
槃若多是則有邊如其有邊云何名常若
有説言涅槃體一解脱是多如蓋是一者舌
是多是義不然何以故一一所得非一切得
亦有邊故是應无常若无常者云何得名為
涅槃耶涅槃若无誰為聖人是故當知无有
聖人復作是念聖人之道非因緣得若聖人
道非因緣得何故一切不作聖人若一切人
非聖人者當知是則无有聖人及以聖道復
作是念聖説正見有二因緣一者從他聞法
二者内自思惟是二因緣若從緣生所從緣
生者復從緣生如是展轉有无窮過若是二
當知二緣生一切衆生可故不得作是觀時

能説善根善男子若有衆生深見如是无因
无果是人能斷信等五根善男子斷善根者
非是下劣愚鈍之人亦非天中及三惡道破
僧亦尒迦葉菩薩白佛言世尊如是之人何
時當能還生善根佛言善男子是人二時還
生善根初入地獄出地獄時善男子善有三
種過去現在未来若過去者其性自滅因雖
滅盡果報未熟是故不名斷過去果斷三世
因故名為斷迦葉菩薩白佛言世尊若斷三
世因名斷善根斷善根人耶有佛性如是佛
性為是過去為是現在為是未来為遍三世
若過去者云何名常佛性亦常是故當知非
過去耶若未来者云何名常何故佛説一切
衆生必定當得若必定得云何言斷若現在
者復云何常何故復言必得可見如来亦説
佛性有六一常二真三實四善五淨六可見

佛性有六一常二真三實四善五淨六可見
若斷善根有佛性者則不得名斷善根也若
无佛性云何復言一切衆生悉有佛性若言
佛性亦有亦斷云何如來復說是常佛言善
男子如來世尊為衆生故有四種答一者定
答二者分別答三者隨問答四者置答善男
子云何定答若問惡業得善果耶不善果耶
是應定答得不善果善亦如是若問如來一
切智不是應定答是一切智若問佛法是清
淨不是應定答必定清淨若問如來弟子如
法住不是應定答有如法住是名定答云何
分別答如我所說四真諦法云何為四苦集
滅道何謂苦諦有八苦故名曰苦諦云何集
諦五陰因故名為集諦云何滅諦貪欲瞋癡
畢竟盡故名為滅諦云何道諦卅七助道法
名為道諦是名分別答云何隨問答如我所

説一切法无常復有問言如来世尊為何法
故説於无常荅言如来為有為法故説无常
无我亦尒如我所説一切法燒他又問言如
来世尊為何法故説一切燒荅言如来為貪
欲癡説一切燒善男子如来十力四无所畏
大悲大慈三念處首楞嚴等八万億諸三昧
門卅二相八十種好五智印等三万五千諸
三昧門金剛定等四千二百諸三昧門方便
三昧无量无邊如是等法是佛佛性如是佛
性則有七事一常二我三樂四淨五真六實
七善是名分別荅善男子後身菩薩佛性有
六一常二淨三真四實五善六少見是名分
別荅如汝先問斷善根人有佛性者亦有如
来佛性亦有後身佛性是二佛性鄣未来故
得名為无畢定得故得名為有是名分別荅
如来佛性非過去非現在非未来後身佛性

得名為无畢竟得故得名為有是名分別答
如來佛性非過去非現在非未來後身佛性
現在未來少可見故得名現在未具見故名
為未來如來未得阿耨多羅三藐三菩提時
佛性因故亦是過去現在未來果則不尒有
是三世有非三世後身菩薩佛性因故亦是
過去現在未來果亦如是是名分別答九住
菩薩佛性六種一常二善三真四實五淨六
可見佛性因故亦是過去現在未來果亦如
是是名分別答八住菩薩下至六住佛性五
事一真二實三淨四善五可見佛性因故亦
是過去現在未來果亦如是是名分別答五
住菩薩下至初住佛性五事一真二實三淨
四可見五善不善善男子是五種佛性六種
佛性七種佛性斷善根人必當得故故得言
有是名分別答若有說言斷善根者定有佛

性定无佛性是名置答迦葉菩薩言世尊我
聞不答乃名置答如来今者何因緣答而名
置答善男子我亦不説置而不答乃説置答
善男子如是置答復有二種一者遮心二者
莫著以是義故得名置答迦葉菩薩白佛言
世尊如佛所説云何名因亦是過去現在未
来果亦過去現在未来非是過去現在未来
佛言善男子五陰二種一者因二者果是因
五陰是過去現在未来是果五陰亦是過去
現在未来亦非過去現在未来善男子一切
无明煩惱等結悉是佛性何以故佛性因故
從无明行及諸煩惱得善五陰是名佛性從
善五陰乃至獲得阿耨多羅三藐三菩提是
故我於經中先説衆生佛性如雜血乳血者
即是无明行等一切煩惱乳者即是善五陰
也是故我説從諸煩惱及善五陰得阿耨多

也是故我説從諸煩惱及善五陰得阿耨多
羅三藐三菩提如衆生身皆從精血而得
成就佛性亦尒須陁洹人斯陁含人斷少煩惱
佛性如乳阿那含人佛性如酪阿羅漢人猶
如生蘇從辟支佛至十住菩薩猶如熟蘇如
來佛性猶如醍醐善男子現在煩惱為作鄣
故令諸衆生不得覩見如雪山中有忍辱草
非一切牛皆能得食佛性亦尒是名分別荅
迦葉菩薩白佛言世尊五種六種七種佛性
若未來有者云何説言斷善根人有佛性耶
佛言善男子如諸衆生有過去業因是業故
衆生現在得受果報有未來業以未生故終
不生果有現在煩惱若无煩惱一切衆生應
當了了現見佛性是故斷善根人以現在世
煩惱因緣能斷善根未來佛性力因緣故還

邊菩言世尊未來云何能生善男子未來
如燈日雖復未生亦能破闇未來之生能生
衆生未來佛性亦復如是是名分別荅迦葉
菩薩白佛言世尊若言五陰是佛性者云何
說言衆生佛性非內非外佛言善男子何因
緣故如是失意我先不說衆生佛性是中道
耶迦葉言世尊我實不失意直以衆生於此
中道不能解故故發斯問善男子衆生不解
即是中道或時有解或有不解善男子我為
衆生得開解故說言佛性非內非外何以故
凡夫衆生或言佛性住五陰中如器中有菓
或言離陰而有猶如虛空是故如來說於中
道衆生佛性非內六入非外六入內外合故
名為中道是故如來宣說佛性即是中道非
內非外故名中道是名分別荅復次善男子
云何名為非內非外善男子或言佛性即是

内非外故名中道是名分別荅復次善男子
云何名為非內非外善男子或言佛性即是
外道何以故菩薩摩訶薩於无量劫在外道
中斷諸煩惱調伏其心教化衆生然後乃得
阿耨多羅三藐三菩提是故佛性即是外道
或言佛性即是內道何以故菩薩雖於无量
劫中脩集外道若離內道則不能得阿耨多
羅三藐三菩提是以佛性即是內道是故如
來遮此二邊說言佛性非內非外亦名內外
是名中道是名分別荅復次善男子或言佛
性即是如來金剛之身卅二相八十種好何
以故不虛誑故或言佛性即是十力四无所
畏大慈大悲及三念處首楞嚴等一切三昧
何以故因是三昧生金剛身卅二相八十種
好故是故如來遮此二邊說言佛性非內非
外亦名內外是名中道復次善男子或有說

言佛性即是內善思惟何以故離善思惟則
不能得阿耨多羅三藐三菩提故是以佛性
即是內善思惟或有說言佛性即是從他聞
法何以故從他聞法則能內善思惟若不聞
法則无思惟是以佛性即是從他聞法是故
如來遮此二邊說言佛性非內非外亦名內
外是名中道復次善男子復有說言佛性是
外謂檀波羅蜜從檀波羅蜜得阿耨多羅三
藐三菩提是以說言檀波羅蜜即是佛性或
有說言佛性是內謂五波羅蜜何以故離是
五事當知則无佛性因果是以說言五波羅
蜜即是佛性是故如來遮此二邊說言佛性
非內非外亦內亦外是名中道復次善男子
或有說言佛性在內譬如力士額上寶珠何
以故常樂我淨如寶珠故是以說言佛性在
內或有說言佛性在外如貧寶藏何以故方

內或有說言佛性在外如貧寶藏何以故方
便見故佛性亦尒在衆生外以方便故而得
見之是故如來遮此二邊說言佛性非內非
外亦內亦外是名中道善男子衆生佛性非
有非无所以者何佛性雖有非如虛空何以
故世間虛空雖以无量善巧方便不可得見
佛性可見是故雖有非如虛空佛性雖无不
同兔角何以故龜毛兔角雖以无量善巧方便
不可得生佛性可生是故雖无不同兔角是
故佛性非有非无亦有亦无云何名有一切
悉有是諸衆生不斷不滅猶如燈炎乃至得
阿耨多羅三藐三菩提是故名有云何名无
一切衆生現在未有一切佛法常樂我淨是
故名无有无合故即是中道是故佛說衆生
佛性非有非无善男子如有人問是種子中
有果无耶應之荅言亦有亦无何以故離子

云外□能生異是故名有子果出牙是故名
无以是義故亦有亦无所以者何時節有異
其體是一眾生佛性亦復如是若言眾生中
別有佛性者是義不然何以故眾生即佛性
佛性即眾生直以時異有淨不淨善男子若
有問言是子能生果不是果能生子不應
荅言亦生不生世尊如世人說乳中有酪是
義云何善男子若有說言乳中有酪是名執
著若言无酪是名虛妄離是二事應定說言
亦有亦无何故名有從乳生酪因即是乳果
即是酪是名為有云何名无色味各異服用
不同熱病服乳下病服酪乳生冷病酪生熱
病善男子若言乳中有酪性者乳即是酪酪
即是乳其性是一何因緣故乳在先出酪不
先生若有因緣一切世人何故不說若无因
緣何故酪不先出若酪不先出誰作次第乳

先生若有因緣一切世人何故不說若无因
緣何故酪不先出若酪不先出誰作次弟乳
酪生蘇熟蘇提湖是故知酪先无今有若先
无今有是无常法善男子若有說言乳有酪
性能生於酪水无酪性故不生酪是義不然
何以故水草亦有乳酪之性所以者何因於
水草則出乳酪若言乳中定有酪性水草无
者是名虛妄何以故心不等故故名虛妄善
男子若言乳中定有酪者酪中亦應定有乳
性何因緣故乳中出酪酪不出乳若无因緣
當知是酪本无今有是故智者應言乳中非
有酪性非无酪性善男子是故如來於是經
中說如是言一切衆生定有佛性是名爲著
若无佛性是名虛妄智者應說衆生佛亦性
有亦无善男子四事和合生於眼識何等爲
四眼色明欲是眼識生非眼非色非明非欲

從知合說是出生如是非說本无今有已
有還无是故當知无有本性乳中酪性亦復
如是若有說言水无酪性故不出酪是故乳
中定有酪性是義不然何以故善男子一切
諸法異因異果亦非一因生一切果非一切
果從一因生善男子如從四事生於眼識不
可說言從此四事應生耳識善男子離於方
便乳中得酪酪出生蘇不得如是要須方便
善男子智者不可見離方便從乳得酪謂得
生蘇亦應如是離方便得善男子是故我於
是經中說因生故法有因滅故法无善男子
如鹽性鹹能令非鹹使鹹若非鹹物先有鹹
性世人何故更求鹽耶若先无者當知先无
今有以餘緣故而得鹹也若言一切不鹹之
物皆有鹹性微故不知由此微性鹽能令鹹
若本无性雖復有鹽不能令鹹譬如種子自

物皆有醎性微故不知由此微性鹽能令醎
若本无性雖復有鹽不能令醎譬如種子自
有四大緣外四大而得增長芽莖枝葉鹽性
亦尒者是義不然何以故不醎之物先有醎
性者鹽亦應有微不醎性是鹽若有如是二
性何因緣故離不醎物不可獨用是故知鹽
本无二性如鹽一切不醎之物亦復如是若
言外四大種力能增長內四大者是義不然
何以故次弟說故不從方便乳中得酪生蘇
乃至一切諸法皆不如是非方便得四大亦復
如是若說從外四大增長內四大不見從內
四大增外四大如尸利沙果先无形質見昴星
時菓則出生足長五寸如是菓實不因於
外四大而增善男子如來所說十二部經或
隨自意說或隨他意說或隨自他意說云何
名為隨自意說如五百比丘問舍利弗大德

佛說身因作是問已舍利弗言諸大德汝等
亦各得正解脫自應識之何緣方作如是問
耶有比丘言大德我未獲得正解脫時意謂
无明即是身因作是觀時得阿羅漢果復
有說言大德我未獲得正解脫時謂愛无明
即是身因作是觀時得阿羅漢果或有說行
識名色六入觸受愛取有生飲食五欲即是
身因尒時五百比丘各各自說己所解已共
往佛所稽首佛足右遶三迊礼拜畢已却坐
一面各以如上己所解義向佛說之舍利弗
白佛言世尊如是諸人誰是正說誰不正說
佛告舍利弗善哉善哉一一比丘无非正說
舍利弗言世尊佛意云何佛言舍利弗我為
欲界衆生說言父母即是身因如是等經名
隨自意說云何名為隨他意說如把吒羅長
者來至我所作如是言瞿曇汝知幻不若知

隨自意說云何名爲隨他意說如把吒羅長
者來至我所作如是言瞿曇汝知幻不若知
幻者即大幻人若不知者非一切智我言長
者知幻之人名幻人耶長者言善哉善哉知
幻之人即是幻人佛言長者舍衛國内波斯
匿王有祢陁羅名曰氣噓汝知不耶長者荅
言瞿曇我久知之佛言汝久知者可得即是
祢陁羅不長者言瞿曇我雖知彼是祢陁羅然
我此身非祢陁羅佛言長者汝得是義知祢
陁羅非祢陁羅我今何故不得知幻而非幻
于長者我實知幻知幻人知幻果報知幻伎
術我知〻煞人知煞果報知煞解脫乃至知
耶見知耶見人知耶見果報知耶見解脫
長者若說非幻之人名為幻人非耶見人說
耶見人得无量罪長者言瞿曇如汝所說我
得大罪我今所有悉以相上幸莫令彼波斯

舍王知我此事佛言長者是業因緣不必失
時乃當回是墮三惡道是時長者聞惡道名
心生恐怖白佛言聖人我今失意獲得大罪
聖人今者是一切智亦應當知獲得解脫我
當云何得脫地獄餓鬼畜生尒時我為說四
真諦長者聞已得須陁洹果心生慚愧向佛
懺悔我本愚癡佛非幻人而言是幻我從今
日歸依三寶佛言善哉善哉長者是名隨他
意說云何名為隨自他說如我所說如一切
世間智者說有我亦說有智者說无我亦說
无世間智人說五欲樂有无常苦无我可斷
我亦說有世間智人說五欲樂有常我淨无
有是處我亦如是說无是處是名隨自他說
善男子如我所說十住菩薩少見佛性是名
隨他意說何故名少見十住菩薩得首楞嚴
等三昧三千法門是故了了自知當得阿耨

等三昧三千法門是故了了自知當得阿耨
多羅三藐三菩提不見一切衆生定得阿耨
多羅三藐三菩提是故我說十住菩薩少分
見佛性善男子我常宣說一切衆生悉有佛
性是名隨自意說一切衆生不斷不滅乃至
得阿耨多羅三藐三菩提名隨自意說一切
衆生悉有佛性煩惱覆故不能得見我說如
是汝說亦尒是名隨自意他說善男子如來
或時為一法故說无量法如經中說一切梵
行因善知識一切梵行因雖无量說善知識
則已攝盡如我所說一切惡行耶見為因一
切惡行因雖无量若說耶見則已攝盡或說
阿耨多羅三藐三菩提信心為因是菩提因
雖復无量若說信心則已攝盡善男子如來
雖說无量諸法以為佛性然不離於陰入界
也善男子如來說法為衆生故有七種語一

者因語二者果語三者因果語四者喻語五
者不應說語六者世流布語七者如意語云
何名因語現在因中說未來果如我所說善
男子汝見衆生樂煞乃至樂行邪見當觀是
人即地獄人善男子若有衆生不樂煞生乃
至邪見當觀是人即是天人是名因語云何
果語現在果中說過去因如經中說善男子
如汝所見貧窮衆生顏狠醜陋不得自在當
知是人定有破戒妬心瞋心无慚愧心若見
衆生多財巨富諸根完具威德自在當知是
人定有戒施精進慚愧无有妬瞋是名果語
云何因果語如經中說善男子衆生現在六
入觸因是名過去業果如來亦說名之為業
是業因緣得未來果是名因果語云何喻語
如說師子王者即喻我身大象王大龍王波
利質多樹七寶聚大海須弥山大地大雨船

如說師子王者即喻我身大鳥王大龍王波
利質多樹七寶聚大海須弥山大地大而舩
師導師調御丈夫力士牛王婆羅門沙門大
城多羅樹如是喻経名為喻語云何不應語
我経中說天地可合河不入海如為波斯匿
王說四方山來如為厲毋優婆夷說若婆羅
樹能受八戒則得受於人天之樂如說十住
菩薩有退轉心不說如來有二種語寧說須
陁洹人墮三惡道不說十住有退轉心是名
不應語云何世流布語如佛所說男女大小
去來坐卧車乘房舍瓶衣衆生常樂我淨軍
林城邑僧幻合散是名世流布語云何如意
語如我呵嘖毀禁之人令彼自嘖護持禁戒
如我讚嘆須陁洹人令諸凡夫生於善心讚
嘆菩薩為令衆生發菩提心說三惡道所有
苦惱為令有集諸善法故說一切燒惟[illegible]一

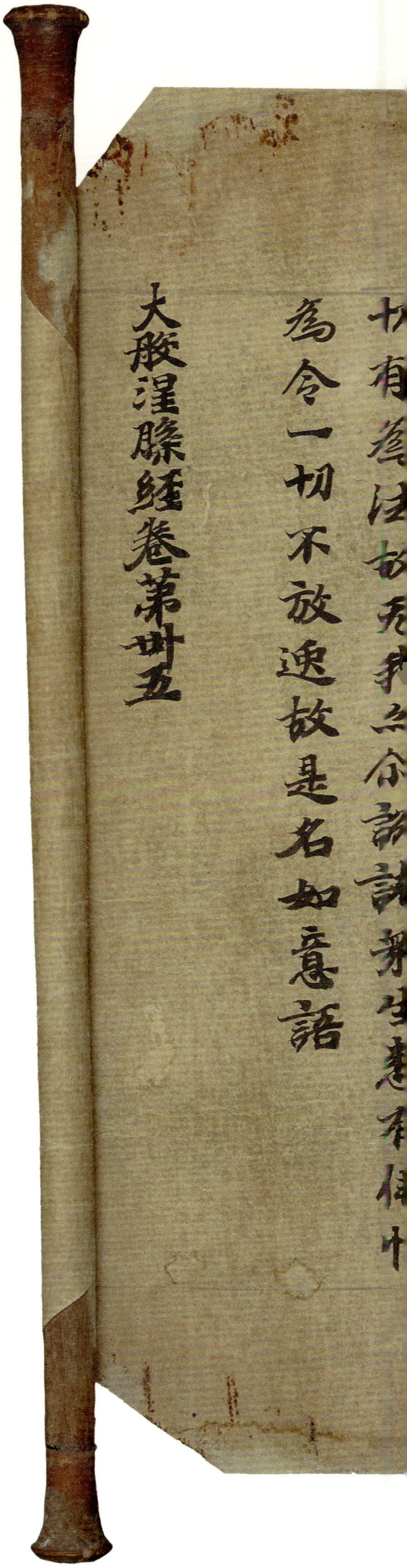
切有為法故我亦爾説諸衆生悉有佛性
為令一切不放逸故是名如意語
大般涅槃經卷第卅五

BD01019　大般涅槃經卷三五

BD01020 思益梵天所問經（异本）卷二

（後秦）鳩摩羅什 譯

BD01020v 當寺轉帖

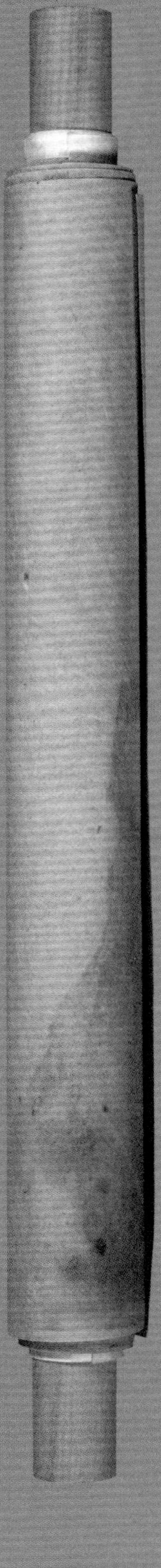

187.2cm×26.8cm

薩過
言者有何義
是受記義不分别生滅是
意業相是受記義梵天我念
過去有劫劫名喜見我於此劫供養七十二那
由他佛是諸如來不見受記又過是劫劫名
善化我於此劫供養廿二億佛是諸如來亦
不見授記又過是劫劫名梵歎我於此劫供
養萬八千佛是諸如來亦不見授記又過
是劫劫名无咎我於此劫供養三萬二千佛
是諸如來亦不見授記又過是劫劫名莊嚴
我於此劫供養四百卌萬佛我皆以一切供養

之具而供養之是諸如來亦不見授記
天我於往昔供養諸佛恭敬尊重讚歎淨脩
梵行一切布施一切持戒及行頭陀離於瞋恚
忍辱慈心如所說行懃脩精進一切所聞皆
能受持獨處遠離入諸禪定隨所聞慧讚
諸思問是諸如來亦不見授記何以故我依
止所行故以是當知若諸菩薩出過一切諸
行則得授記我若以一劫若減一劫說是諸
佛名号不可得盡梵天我於是後見然燈佛即
得无生法忍佛時授我記言汝於來世當得
作佛号釋迦牟尼如來應供正遍知我於今
時出過一切諸行具足六波羅蜜所以者何若
菩薩能捨諸相名爲檀波羅蜜能滅諸
所受持名爲尸羅波羅蜜不爲六塵所傷名

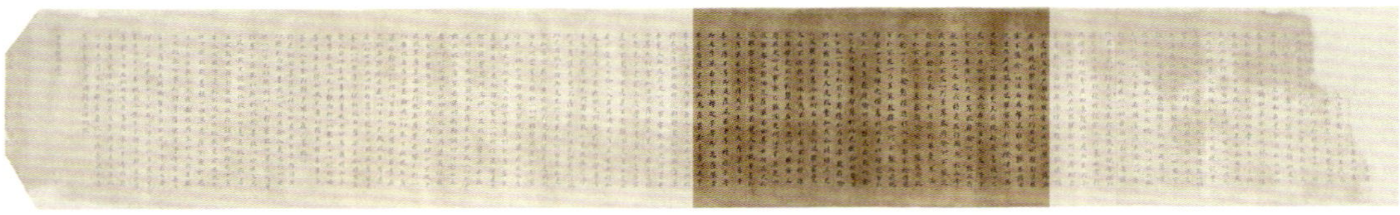

所受持名爲尸羅波羅蜜不爲六塵所傷名
爲羼提波羅蜜離諸所行名爲毗梨耶波羅
蜜不憶念一切法名爲禪波羅蜜能忍諸法
无生性名爲般若波羅蜜我於燃燈佛所具
足如是六波羅蜜梵天我從初發菩提心已
來所作布施於此五花布施百分不及一百千
分百千萬億分乃至筭數譬喻所不能及我
從初發心已來受戒持戒及行頭陁於此常
戚戒百分不及一乃至筭數譬喻所不能及
我從初發心已來柔和忍辱於畢竟忍法
百分不及一乃至筭數譬喻所不能及我從
初發心已來發懃精進於此不取不捨精進
百分不及一乃至筭數譬喻所不能及我從
初發心已來禪定蜀處於此无生禪定百分

不及一乃至筭數譬喻所不能及我從初發
心已來思惟籌量智慧於此无戲論智慧百
分不及一百千分百千萬億分乃至筭數譬喻
所不能及梵天是故當知我尒時得具足
六波羅蜜世尊今云何名為具六波羅蜜梵
天若不念施不依止戒不分別忍不取精進
不住禪定不二於慧是名具足六波羅蜜又
問具足六波羅蜜已能滿足何法佛言具足六
波羅蜜已能滿足薩婆若世尊云何具足六
波羅蜜已能滿足薩婆若梵天布施平等即
是薩婆若平等持戒平等即是薩婆若平
等忍辱平等即是薩婆若平等精進平等
即是薩婆若平等禪定平等即是薩婆若
平等智慧平等即是薩婆若平等以是平

平等智慧平等即是薩婆若平等以是平
等等一切法名爲薩婆若又梵天具足布施相
持戒忍辱相精進禪定相智慧相是名薩婆
若梵天如是具足六波羅蜜能滿足薩婆若
世尊云何當知滿足薩婆若梵天若不受眼
不受色不受耳不受聲不受鼻不受香不
受舌不受味不受身不受觸不受意不受法
若不受是內外二入名爲滿足薩婆若我得如
是滿足薩婆若於眼无所著於色耳聲鼻香
舌味身觸意法无所著是故如來名爲无㝵
知見薩婆若梵天薩婆若於法无所受何以故
以无用故无用即是无所有義无所有義即是
空如虛空義同虛空相即是薩婆若是故於
去无所受梵天譬如一切所作皆同虛空而虛

空无所依如是說无慧皆從薩婆若出而薩
婆若无所依梵天白佛言世尊所說薩婆若
薩婆若者爲何謂也梵天一切所行是智爲真
智非諸聲聞辟支佛所及故名薩婆若諸
有所行皆能成就故名薩婆若能破一切邪念
戲論故名薩婆若諸所教勅諸所防制如此
衆生所行之法皆從中出故名薩婆若得諸
聖智若學智若无學智若辟支佛智皆從中
出故名薩婆若正行故名薩婆若能分別一
切藥故名薩婆若能滅一切衆生病故名薩
婆若能除一切煩惱習氣故名薩婆若常在
定故名薩婆若一切法中无疑故名薩婆
若一切世間出世間智慧皆從中出故名薩婆若
善知一切智慧方便相故名薩婆若尒時思益

善知一切智慧方便相故名薩婆若尒時思益
梵天白佛言世尊未曾有也世尊諸佛如来
智慧甚深心无所緣而知一切衆生心心所行世
尊薩婆若得如是无量功德其誰善男子
善女人不發阿耨多羅三藐三菩提心
於是網明菩薩白佛言世尊若有菩薩悕望
功德利而發菩提心不名為發大乘也所以者
何一切法无功德利以无對處故世尊菩薩摩
訶薩不應為功德利故發菩提心但為大悲
心故滅衆生諸煩惱故不自憂苦故生諸善
法故解脫諸邪見故滅除諸病故捨我所貪
着故不觀憎愛故不沒世法故厭患有為故安
住涅槃故發菩提心世尊菩薩不應於衆
生求其因報亦不應觀性與不性又於苦樂

心不作動也莫作諍菩薩家清淨佛言善男
子菩薩若生轉輪聖王家不名清淨若生帝
釋中若生梵王中亦不名清淨在所生處乃至
畜生自不失善根亦令衆生生諸善根是名菩
薩家清淨又網明慈是菩薩家心平等故悲
是菩薩家深心念故喜是菩薩家生法喜故
捨是菩薩家生離貪著故不捨菩提是菩
薩家不貪聲聞辟支佛地故

思益經卷第二

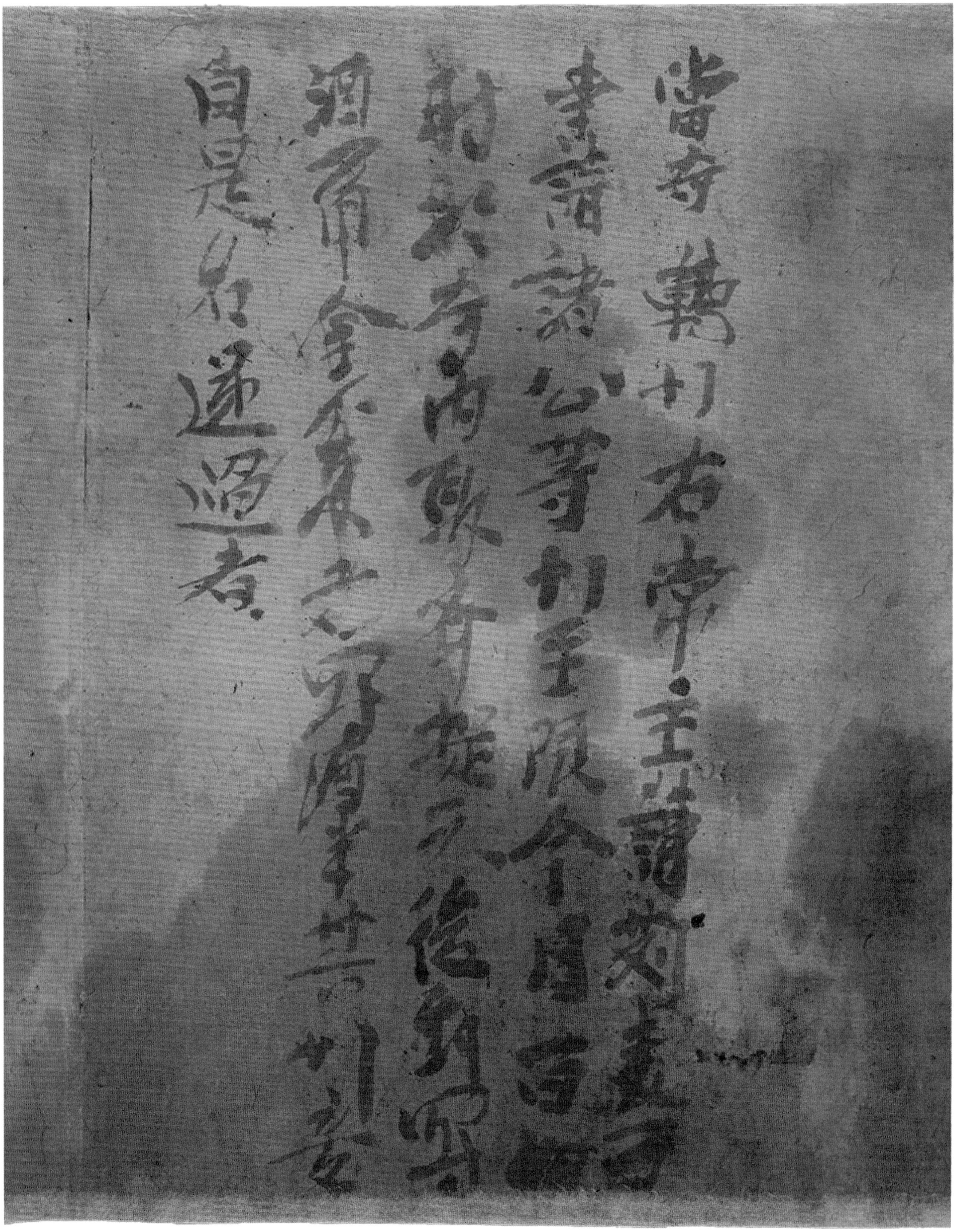
當寺　轉帖　右常住主請刈麥
晝請諸公等帖至限今月廿四
日卯時於寺內取齊捉二人後到罰
酒角全不來罰酒半甕廿一日帖
自是右遞過者

BD01020v　當寺轉帖

BD01021 大般若波羅蜜多經卷四七〇

（唐）玄奘 譯

BD01021v 大般若波羅蜜多經卷四七〇外題

65.6cm × 25.2cm

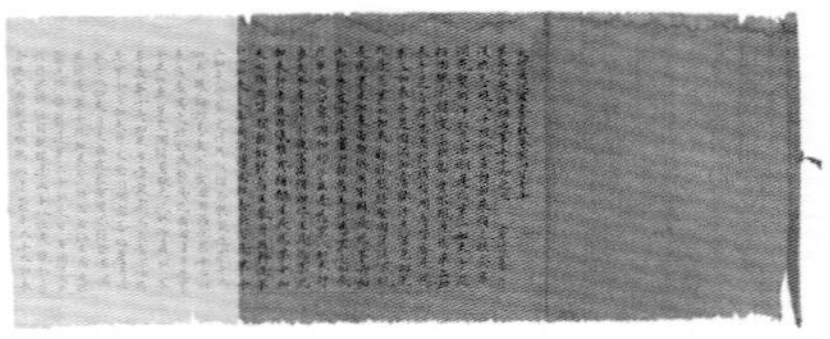

（2–1）

大般若波羅蜜多經卷第四百七十

第二分衆德相品第七十六之三　　三藏法師玄奘奉　詔譯

復次善現八十隨好者謂如來指爪狹長薄
潤光潔鮮淨如花赤銅是爲第一如來手足
指圓纖長𦟛直柔軟節骨不現是爲第二如
來手足各等無差於諸指間悉皆密是爲
第三如來手足圓滿如意軟淨光澤色如蓮
花是爲第四如來筋脉盤結堅固深隱不現
是爲第五如來兩踝俱隱不現是爲第六如
來行步直進庠審如龍象王是爲第七如來
行步威容齊肅如師子王是爲第八如來行
步安平庠序不過不減猶如牛王是爲第九
如來行步進止儀雅其猶鵝王是爲第十如
來迴顧必皆右旋如龍象王舉身隨轉是第
十一如來支節漸次𦟛圓妙善安布是第十

BD01021　大般若波羅蜜多經卷四七〇

来迴顧必皆右旋如龍為王舉身隨轉是第
十一如来支節漸次傭圓妙善安布是第十
二如来骨節交結無隟猶若龍盤是第十三
如来膝輪妙善安布堅固圓滿是第十四如
来隱處其文妙好威勢具足圓滿清淨是第
十五如来身支潤滑柔軟光悅鮮淨塵垢不
著是第十六如来身容敦肅無畏常不怯弱
是第十七如来身支堅固稠密善相屬著是
第十八如来身支安定敦重曾不掉動圓滿
無壞是第十九如来身相猶若仙王周匝端
嚴光淨離翳是第二十如来身有周匝圓光
於行等時恒自照曜是二十一如来腹形方
正無欠柔軟不現衆相莊嚴是二十二如来

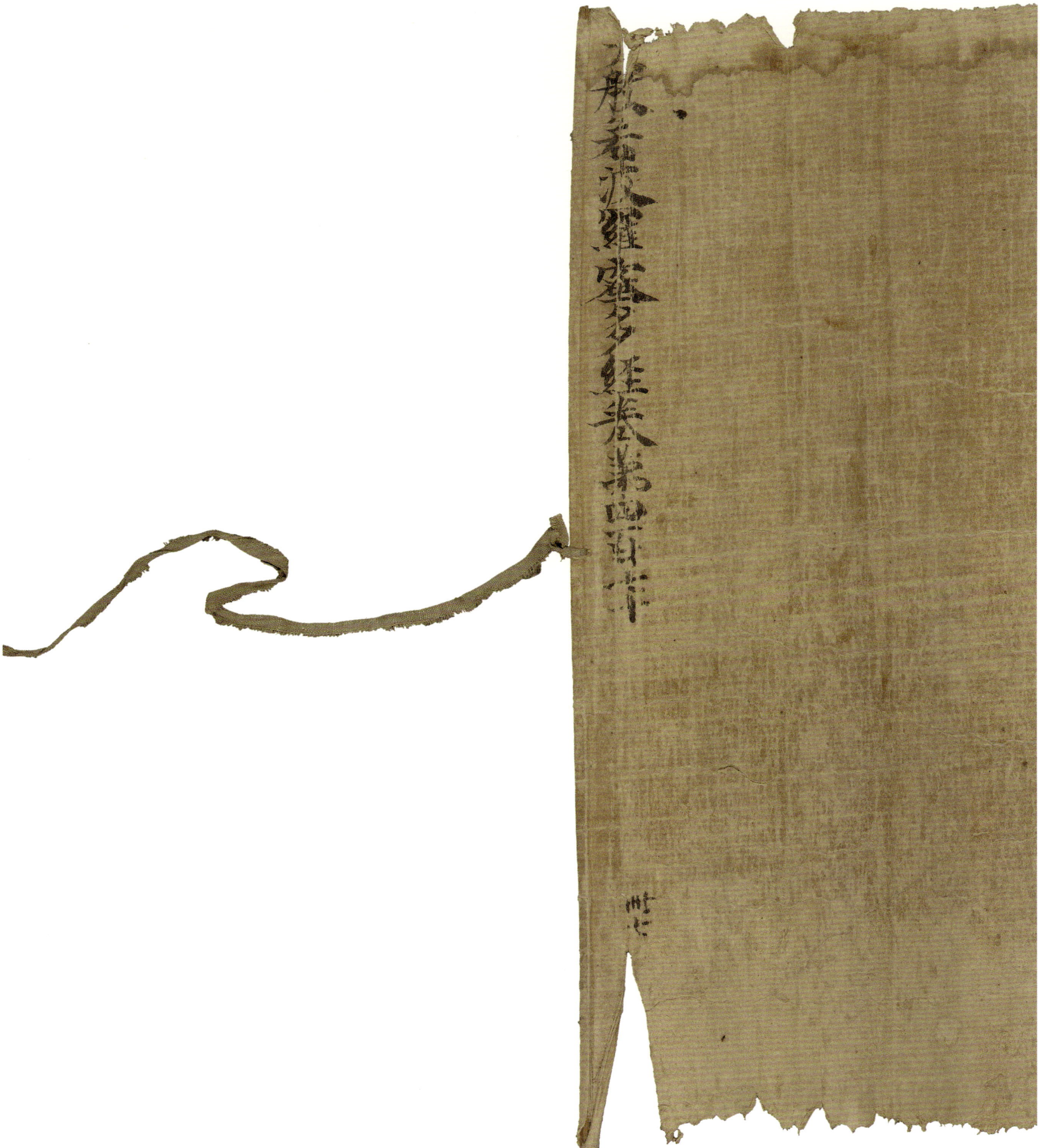

BD01021v　大般若波羅蜜多經卷四七〇外題

BD01022 大般若波羅蜜多經卷四六六

（唐）玄奘 譯

BD01022v 大般若波羅蜜多經卷四六六外題

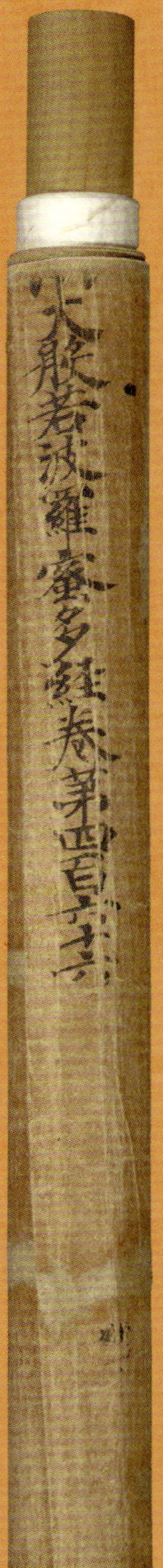

67.1cm×25.3cm

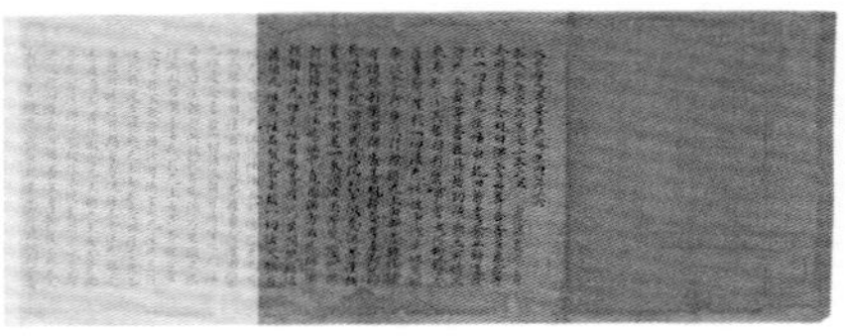

(2-1)

大般若波羅蜜多經卷第四百六十六

第二分漸次品第七十三之二　三藏法師玄奘奉詔譯

尒時具壽善現白佛言世尊若菩薩摩訶薩
於一切法无性性中起四靜慮發五神通證
得无上正等菩提具諸功德安立有情三
聚差別令其獲得利樂事者云何初發心菩
薩摩訶薩於一切法无性性中作漸次業循
漸次學行漸次行證得无上正等菩提作諸
有情勝利樂事佛告善現諸菩薩摩訶薩初
發心位或從佛聞或復從於多供養佛菩薩獨
覺及阿羅漢不還一來預流果等賢聖所聞
謂證諸法无性為性究竟圓滿方名為佛漸
證諸法无性為性名為菩薩乃至預流隨信
諸法无性為性名賢善士故一切法及諸有

諸法无性爲性名賢善士故一切法及諸有
情无不皆以无性爲性法及有情乃至无有
如毛端量自性可得是菩薩摩訶薩聞此事
已作是念言若一切法及諸有情皆以无性
而爲自性證得此故説名爲佛乃至預流深
信此故名賢善士我於无上正等菩提若當
證得若不證得諸法有情常以无性而爲自
性故我定應發趣无上正等菩提得菩提已
若諸有情行有想者方便安立令住无想是
菩薩摩訶薩作此念已求趣无上正等菩提
普爲有情得涅槃故作漸次業脩漸次學行
漸次行如過去世諸菩薩摩訶薩求趣无上
正等菩提先學漸次業學行故證得无上正

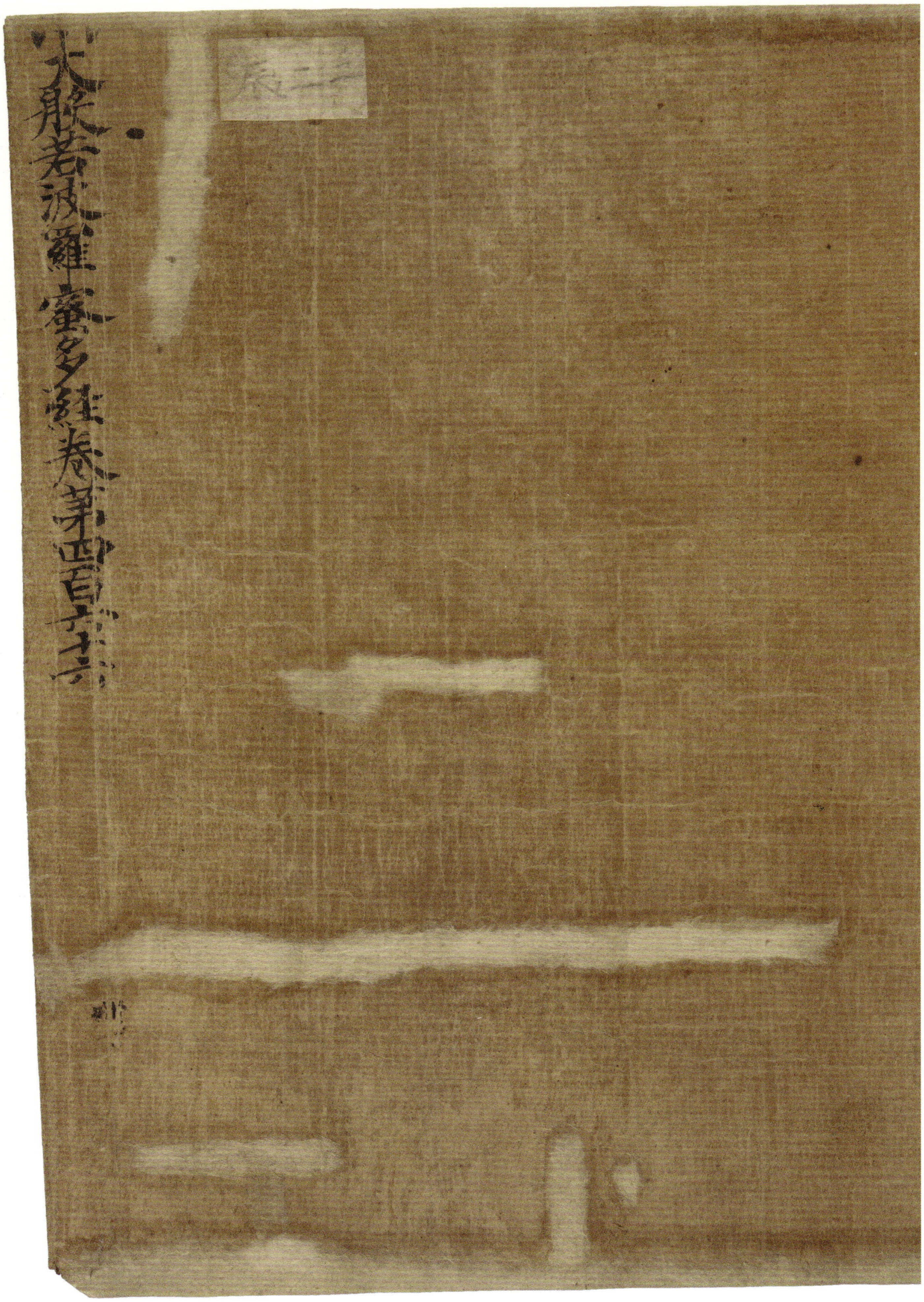

BD01022v　大般若波羅蜜多經卷四六六外題

BD01023 寶雲經卷三

（南朝梁）曼陀羅仙 譯

88cm × 26.5cm

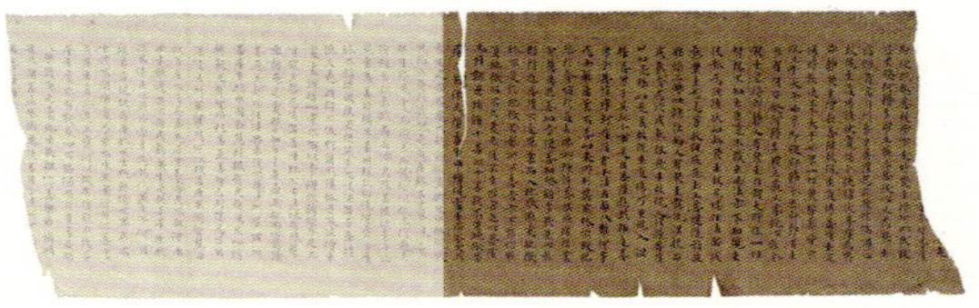

……夜
陵逡尒時菩薩
即便現趣菩提樹下是時衆生得阿毗跋致
乃至發阿耨多羅三藐三菩提心又爲衆生
憍慢貢高自恃勢力菩薩爲欲破彼憍慢心
故現坐道場摧伏魔怨令使信伏菩薩爲樂
寂靜衆生增長善根故現坐道場菩薩坐道
場時能使三千大千世界一切衆聲悲皆不
現三千大千世界即便寂靜令樂寂靜者生
希有想皆發阿耨多羅三藐三菩提心能令
衆生悲得寂靜又有衆生自謂大師作一切
智想不知出要道不識出世法亦不知現生
後報爲欲摧大山此衆生故現甚王去器戕

熟衆生爲是等故現成無上菩提道詣彼
羅捺三轉四諦法輪又有衆生應現涅槃而
成熟者爲欲成熟彼衆生故現入涅槃菩薩
以如是緣如是義故現坐道場乃至現入涅
槃善男子具此十事是名菩薩遊戲神通善
男子菩薩摩訶薩復有十法名離八難何等
爲十離惡業不善如來所制禁戒終不毀犯
除於貪嫉於過去佛所種諸善根恒脩福業
智慧具足善知方便善知發願多猒惡心能
勤精進菩薩不造惡業而入地獄雖處地獄
終不受於地獄苦報所不善者亦不能惱雖
墮地獄而不久處亦復不生惱害之心菩薩
志性調柔性脩十善以十善故不墮地獄菩
薩不毀佛戒墮畜生中雖現畜生而不受於

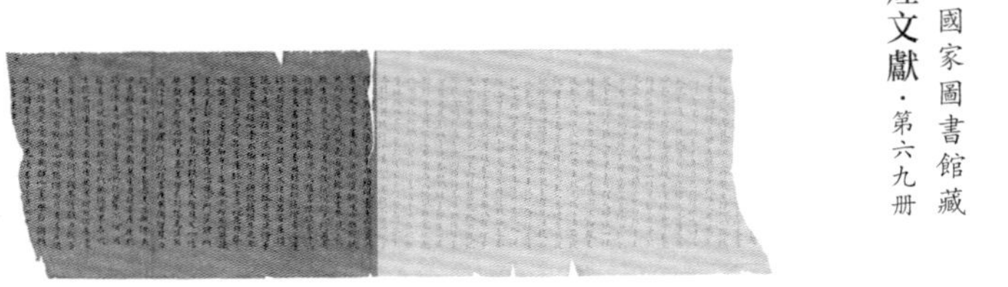

薩不毀佛戒墮畜生中雖現畜生而不受於
畜生之苦菩薩不起貪嫉墮餓鬼中雖現餓
鬼而不受於餓鬼之苦菩薩終不生耶見家
雖生邪見處必遇善知識何以故已於過去
脩諸善故亦於過去佛久殖善根故常生正
見家具善因緣具善因緣故功德增廣菩薩
終不諸根毀缺若根減少不任法器菩薩積
德久遠脩福不倦於諸形像塔寺及法僧中
處處脩福心常不懈以常脩故諸根具足無
有闕少堪為法器菩薩終不生邊地愚騃聾
啞諸惡之處譬如白羊愚癡無智而不能識
善惡義趣不任法器亦復不識沙門婆羅門
菩薩生於中國聰慧利根有大智見又心信
樂親近有智而於善惡善智分別甚為法器

淨信沙門婆羅門所何以故菩薩本脩智慧力
故菩薩不生長壽天若生長壽天不覩佛出
世遠離道果不能成熟衆生是故菩薩生於
欲界佛出世時必當遭遇能化衆生以何因
緣善方便故菩薩終不生於無佛世界亦不
生於不聞法處乃至不生無衆僧可供養處
菩薩生處必遇三寶何以故本誓願力故菩
薩生處必有猒惡心不憍傷而自貢高若聞
八難諸惡之處必生猒離心不喜樂勤脩精
進具諸善法除滅惡法善男子具此
名菩薩離

BD01024 大方廣佛華嚴經卷二二

（唐）實叉難陀 譯

67.8cm × 27cm

大方廣佛華嚴經昇兜率天宮品第廿三　卷廿二　新譯
尒時佛神力故十方一切世界一一四天下閻
浮提中皆見如來坐於樹下各有菩薩承佛
神力而演說法靡不自謂恒對於佛尒時世
尊復以神力不離於此菩提樹下及須弥頂
夜摩天宮而往詣於兜率陁天一切妙寶所
莊嚴殿時兜率天王遥見佛來即於殿上
敷摩尼藏師子之座其師子座天諸妙寶之
所集成過去修行善根所得一切如來神力
所現无量百千億那由他阿僧祇善根所生
一切如來淨法所起无邊福力之所嚴瑩清
淨業報不可沮壞觀者欣樂无有猒足是出

世法猶如淨天一切衆生共來觀察无有能
得究其妙好有百萬億層級周帀圍繞百萬
億金網百萬億花帳百萬億寶帳百萬億
鐸帳百萬億香帳張施其上花鐸垂下香氣普
薰百萬億花蓋百萬億鐸蓋百萬億寶蓋
諸天執持四面行列百萬億寶衣以敷其上百万
億樓閣綺煥莊嚴百萬億摩尼網百萬億寶
網弥覆其上百萬億寶瓔珞網四面垂下百
萬億莊嚴具網百萬億蓋網百万億衣網百
萬億寶帳網以張其上百萬億寶蓮華網開
敷光榮百萬億寶香網其香美妙稱悅衆
心百萬億寶鈴帳其鈴微動出和雅音百萬
億旃檀寶帳香氣普熏百萬億寶花帳其花
敷榮百萬億衆妙色衣帳世所希有百萬億菩
薩帳百萬億雜色帳百万億真金帳百万億

蓋帳百萬億雜色帳百万億真金帳百萬億
瑠璃帳百萬億種種寶帳悉張其上百萬億
一切寶帳大摩尼寶以為莊嚴百萬億妙寶
花周匝瑩飾百萬億頻婆帳殊妙間錯百萬
億寶鬘百萬億香鬘四面垂下百萬億天堅
固香其香普熏百萬億天莊嚴具瓔珞百萬
億寶花瓔珞百萬億勝藏寶瓔珞百萬億摩
尼寶瓔珞百萬億海摩尼寶瓔珞莊嚴座身
百萬億妙寶繒綵以為垂帶百萬億因陁羅
金剛寶百萬億自在摩尼寶百萬億妙色真
金藏以為間飾百萬億毗盧遮那摩尼寶百
萬億因陁羅摩尼寶光明照曜百萬億天堅

BD01025

梵網經盧舍那佛說菩薩心地戒品第十卷下

（後秦）鳩摩羅什 譯

BD01025v

藏文社會文書

527.5cm × 24cm

之具及惡網羅殺生之器一切不得畜而菩薩
乃至殺父母尚不加報況殺一切衆生若
故畜刀杖者犯輕垢罪
如是十戒應當學敬心奉持下六品中廣明
佛言佛子為利養惡心故通國使命軍陣
合會興師相伐殺无量衆生而菩薩不得入
軍中往來況故作國賊若故作者犯輕垢罪
若佛子故販賣良人奴婢六畜市易棺材
板木盛死之具尚不應自作況教人作若故
作者犯輕垢罪
若佛子以惡心故无事謗他良人善人法師
衆僧國王貴人言犯七逆十重於父母兄弟
六親中應生孝順心慈悲心而反更加於逆
害墮不如意處者犯輕垢罪

若佛子以惡心故放大火燒山林曠野四月
乃至九月放火若燒他人居家屋宅城邑
僧房田木及鬼神官物一切有主物不得故
燒若故燒者犯輕垢罪
若佛子自佛弟子及外道人六親一切善知
識應一一教受持大乘經律應教解義理
使發菩提心十發趣心十長養心十金剛心三
十心中一一解其次第法用而菩薩以惡心瞋
心橫教他二乘聲聞外道邪見經律者犯
輕垢罪
若佛子應以好心先學大乘威儀經律
廣開解義味見後新學菩薩有從百里千
里來求大乘經律應如法為說一切苦行
若燒身燒臂燒指若不燒身臂指供養諸
佛非出家菩薩乃至餓虎狼師子口中一切

佛非出家菩薩乃至餓虎狼師子口中一切
餓鬼悉應捨身肉手足而供養之然後一一
次第為説正法使心開意解而菩薩為利
養故應荅不荅倒説經律文字无有无前
後謗三寶説者犯輕垢罪
若佛子自為飲食錢物利養名譽故親
近國王王子大臣百官恃作形勢乞索打拍
牽挽橫取錢物一切求利名為惡求多求
教他人求都无慈心无孝順心者犯輕垢罪
若佛子應學誦戒者日日六時持菩薩戒
解其義理佛性之性而菩薩不解一句一偈
戒律因緣詐言能解者即為自欺誑亦
欺誑他人一一不解一切法而為他人作師受
戒者犯輕垢罪

若佛子以惡心故見持戒比丘手捉香爐
行菩薩行而鬪遘兩頭謗欺賢人无惡不
造若故作者犯輕垢罪
若佛子以慈心故行放生業應作是念一切
男子是我父一切女人是我母我生生无不
從之受生故六道衆生皆是我父母若煞
而食者即煞我父母亦煞我故身一切地水
是我先身一切火風是我本體故常行放生
業是以生生受生故教人放生若見世人煞畜
生時應方便救護解其苦難常教化講説
菩薩戒救度衆生若父母兄弟死亡之日應
請法師講菩薩戒經律福資亡者得見
諸佛生人天上若不尒者犯輕垢罪
如是十戒應當學敬心奉持
如法戒罪品中以明一一戒相

BD01025　梵網經盧舍那佛説菩薩心地戒品第十卷下

[illegible]
如法滅罪品中以明一一戒相
佛言佛子不得以瞋報瞋以打報打若煞父
母兄弟六親不得加報若國王為他人煞者
亦不得加報煞生報生不順孝道尚不畜奴
婢打拍罵辱日日起三業口罪无量况故作七
逆之罪而出家菩薩无慈心報讎乃至六
親故報者犯輕垢罪
若佛子初始出家未有所解而自恃聰明
有智或是高貴年宿或是大姓高門大解
大冨饒財七寶以此憍慢而不諮受先學法
師經律其法師者或小姓年少卑門貧窮
諸根不具而實有德一切經律盡解而新
學菩薩不得觀法師種姓而不來諮受
法師第一義諦者犯輕垢罪

若佛子佛滅度後欲以好心受菩薩戒時於
諸佛菩薩形像前自誓受戒當七日佛前
懺悔得見好相便得受戒若不得好相時
應以二七三七乃至一年要得好相得好相
已便得佛菩薩形像前受戒若不得好相
雖佛菩薩形像前受戒不名得戒若先受
菩薩戒法師前受戒時不須要見好相何
以故是法師師師相授故不須好相是以法
師前受戒即得戒以生至重心故便得戒若
千里內无能受戒師得佛菩薩形像前受
得戒而要見好相若法師自倚解經律大
乘學戒與國王太子百官以為善友而新
學菩薩來問若經義律義輕心惡心慢
心不一一好答問者犯輕垢罪
若佛子有佛經律大乘法正見正性正法

心不一一好答問者犯輕垢罪

若佛子有佛經律大乘法正見正性正法身而不能勤學修習而捨七寶反學邪見二乘外道俗典阿毗曇雜論一切書記是斷佛性障道因緣非行菩薩道若故作者犯輕垢罪

若佛子佛滅度後為說法主為僧房主教化主坐禪主行來主應生慈心善和鬪訟善守護三寶物莫无度用如自己有而反亂衆鬪諍恣心用三寶物者犯輕垢罪

若佛子先在僧房中住後見客菩薩比丘來入僧房舍宅城邑若國王宅舍中乃至夏坐安居處及大會中而先住僧應迎來送去飲食供養房舍卧具繩牀木牀事事給與若无有物應賣自身及男女身割自

身肉賣供給所須悉以與之若有檀越來
請衆僧客有利養分僧房主應次第差
客僧受請而先住僧獨受請而不差客僧
者房主得无量罪畜生无異非沙門非釋
種姓若故作者犯輕垢罪
若佛子一切不得受別請利養入己而此利
養屬十方僧而別受請即取十方僧物入己
八福田中諸佛聖人一一師僧父母病人物自
己用故犯輕垢罪
若佛子有出家菩薩在家菩薩及一切檀
越請僧福田求願之時應入僧房中問知事
人今欲次第請者即得十方賢聖僧而世人
別請五百羅漢菩薩僧不如僧次一凡夫僧
若別請僧者是外道法七佛无別請法不

BD01025　梵網經盧舍那佛說菩薩心地戒品第十卷下

别請五百羅漢菩薩僧不如
若别請僧者是外道法七佛无别請法不
順孝道若故别請僧者犯輕垢罪
若佛子以惡心故爲利養販賣男女色
自手作食自磨自舂占相男女解夢吉凶
是男是女呪術工巧調鷹方法和合百種毒
藥千種毒藥虵毒生金銀毒蠱毒都无慈
心无孝順心者犯輕垢罪
若佛子以惡心故自身謗三寶詐現親附口
便説空行在有中爲白衣通致男女交會
婬色作諸縛著於六齋日年三長齋月作
殺生劫盜破齋犯戒者犯輕垢罪
如是十戒應當學敬心奉持　制戒品中廣解
佛言佛子佛滅度後於惡世中若見外道
一切惡人劫賊賣佛菩薩父母形像販賣經

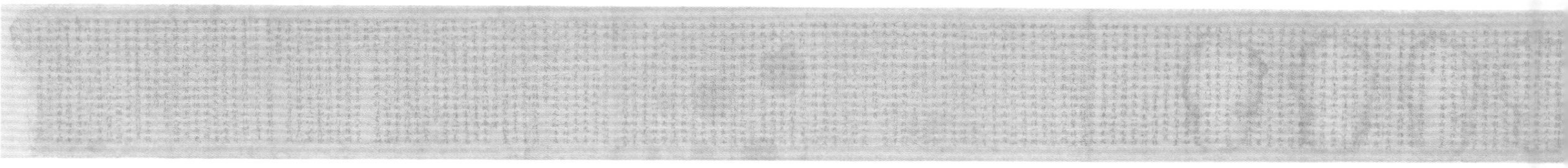

律販賣比丘比丘尼亦賣發菩提心行菩
薩人或為官使與一切人作奴婢者而菩
薩見是事已應生慈心方便救護處處
教化取物贖佛菩薩父母形像及比丘比丘
尼發心菩薩一切經律若不贖者犯輕垢罪
若佛子不得畜刀杖弓箭販賣輕秤小斗
因官形勢取人財物害心繫縛破壞成切
長養猫狸猪狗若故養者犯輕垢罪
若佛子以惡心故觀一切男女等鬪軍陣
兵將劫賊等鬪亦不得聽吹貝鼓角琴瑟
箏笛箜篌歌叫伎樂之聲不得樗蒱圍碁
羅塞戲彈碁六博拍毱擲石投壺八道行
城抓鏡蓍草揚枝鉢盂髑髏而作卜筮不
作盜賊使命一一不得作若故作者犯輕垢罪

BD01025　梵網經盧舍那佛說菩薩心地戒品第十卷下

作盜賊使命一一不得作若故作者犯輕垢罪
若佛子護持禁戒行住坐卧日夜六時讀誦
是戒猶如金剛如帶持浮囊欲度大海如
草繫比丘常生大乘善信自知我是未成之
佛諸佛是已成之佛發菩提心念念不去心
若起一念二乘外道心者犯輕垢罪
若佛子常應發一切願孝順父母師僧三寶
常願得好師同學善友知識常教我大乘
經律十發趣十長養十金剛十地使我開解
如法修行堅持佛戒寧捨身命念念不
去心若一切菩薩不發是願者犯輕垢罪
若佛子發十大願已持佛禁戒作是願言寧
以此身投於熾然猛火大坑刀山終不毀犯
三世諸佛經律與一切女人作不淨行復生

是願寧以熱鐵羅網千重周帀纏身終
以此破戒之身受於信心檀越一切衣服復
作是願寧以此口吞熱鐵丸及大流猛火
經百千劫終不以此破戒之口食於信心檀
越百味飲食復作是願寧以此身卧大
猛火羅網熱鐵地上終不以此破戒之身受
於信心檀越百種牀座復作是願寧以此
身受三百鉾刺身經一劫二劫終不以此破
戒之身受於信心檀越百味醫藥復作是
願寧以此身投熱鐵鑊經百千劫終不以
此破戒之身受於信心檀越千種房舍屋
宅園林田地復作是願寧以鐵鎚打碎此
身從頭至足令如微塵終不以此破戒之身受
於信心檀越恭敬礼拜復作是願寧以百

BD01025　梵網經盧舍那佛説菩薩心地戒品第十卷下

於信心檀越恭敬禮拜復作是願寧以百
千熱鐵刀鉾挑其兩目終不以此破戒之心視
他好色復作是願寧以百千鐵錐遍身攙
刺耳根經一劫二劫終不以此破戒之心聽好
音聲復作是願寧以百千刃刀割去其鼻
終不以此破戒之心貪嗅諸香復作是願寧
以百千刃刀割斷其舌終不以此破戒之心食
人百味淨食復作是願寧以利斧斬斫其
身終不以此破戒之心貪著好觸復作是
願願一切衆生悉得成佛菩薩若不發是
願者犯輕垢罪
若佛子常應二時頭陁冬夏坐禪結夏安
居常用楊枝澡豆三衣瓶鉢座具錫杖香
鑪漉水囊手巾刀子火燧鑷子繩牀經律

佛像菩薩像而菩薩行頭陁時及遊方時
行来時百里千里此十八種物常隨其身
頭陁者從正月十五日至三月十五日八月十
五日至十月十五日是二時中此十八種物常
隨其身如鳥二翼若布薩日新學菩薩
半月半月布薩誦十重四十八輕戒若誦戒
時當於諸佛菩薩形像前誦一人布薩即
一人誦若二若三乃至百千人亦一人誦誦
者高座聽者下坐各各披九條七條五條袈
裟若結夏安居亦應一一如法若行頭陁
時莫入難處若國難惡王土地高下草木深
邃師子虎狼水火風難及以劫賊道路毒
虵一切難處悉不得入頭陁行道乃至
夏座安居是諸難處皆不得入況行頭

BD01025　梵網經盧舍那佛說菩薩心地戒品第十卷下

夏座安居是諸難處皆不得入况行頭
陁者若見難處故入者犯輕垢罪
若佛子應如法次第坐先受戒者在前坐
後受戒者在後坐不問老少比丘比丘尼
貴人國王王子乃至黄門奴婢皆應先受
戒者在前坐後受戒者次第而坐莫如外
道癡人若老若少无前无後坐无次第如
兵奴之法我佛法中先者先坐後者後坐
而菩薩一一不如法次第坐者犯輕垢罪
若佛子常應教化一切衆生建立僧坊山林
園田立作佛塔冬夏安居坐禪處所一切行
道處皆應立之而菩薩應爲一切衆生講
說大乘經律若疾病國難賊難父母兄弟
和上阿闍梨亡滅之日及三七日四五七日亦

說大乘經律一切齋會求福行來治生大
火所燒大水所漂黑風所吹船舫江河大
海羅刹之難亦讀誦講說此經律乃至一切
罪報三惡八難七逆杻械枷鏁繫縛其
身多婬多瞋多愚癡多疾病皆應講
此經律而新學菩薩若不爾者犯輕垢罪
如是九戒應當學敬心奉持梵壇品當說
佛言佛子與人受戒時不得簡擇一切國
王王子大臣百官比丘比丘尼信男信女婬男
婬女十八梵六欲天無根二根黃門奴婢一
切鬼神盡得受戒應教身所著袈裟皆
使壞色與道相應皆染使青黃赤黑紫
色一切染衣乃至臥具盡以壞色身所著
衣一切染色若一切國土中國人所著衣服
比丘皆應與其國土衣服色異與俗服有

BD01025　梵網經盧舍那佛說菩薩心地戒品第十卷下

衣一切染色若一切國土中國人所著衣服
比丘皆應與其國土衣服色異與俗服有
異若欲受戒時師應問言汝現身不作七
逆罪耶菩薩法師不得與七逆人現身
受戒七逆者出佛身血煞父煞母煞和上煞
阿闍梨破羯磨轉法輪僧煞聖人若具七
遮即現身不得戒餘一切人盡得受戒出
家人法不向國王礼拜不向父母礼拜六親
不敬鬼神不礼拜但解法師語有百里千
里来求法者而菩薩法師以惡心瞋心而不
即與授一切衆生戒者犯輕垢罪
若佛子教化人起信心時菩薩與他人作教
戒法師者見欲受戒人應教請二師和上
阿闍梨二師應問言汝有七遮罪不若現
身有七遮罪者師不應與受戒若无七遮

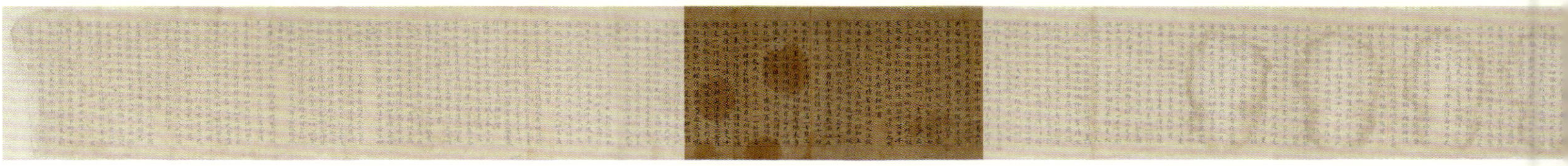

者得與受戒若有犯十戒者應懺悔在
佛菩薩形像前日夜六時誦十重四十八輕
戒若到礼三世千佛得見好相若一七日二
三七日乃至一年要見好相好相者佛來摩
頂見光華種種異相便得滅罪若无好相
雖懺无益是人現身亦不得戒而得增受
若犯四十八輕戒者對手懺悔罪便得滅
不同七遮而教戒師於是法中一一好解若
不解大乘經律若輕若重是非之相不解
第一義諦習種性長養性性種性不可壞
壞道種性正法性其中多少觀行出入十
禪支一切行法一一不得此法中意而菩薩
為利養故為名聞故惡求多求貪利弟
子而詐現解一切經律為供養故是自欺
詐亦欺詐他人故與人受戒者犯輕垢罪

BD01025　梵網經盧舍那佛說菩薩心地戒品第十卷下

子而詐現解一切經律為供養故是自欺
詐亦欺詐他人故與人受戒者犯輕垢罪
若佛子不得為利養故於未受菩薩戒
者前若外道惡人前說此七佛大戒邪見
人前亦不得說除國王餘一切不得說是
惡人輩不受佛戒名為畜生生生之處不
見三寶如木石无心名為外道邪見人輩木
頭无異而菩薩於是惡人前說七佛教戒者
犯輕垢罪
若佛子信心出家受佛正戒故起心毀犯
聖戒者不得受一切檀越供養亦不得於
國王地上行不得飲國王水五千大鬼常
遮其前鬼言大賊若入房舍城邑宅中鬼
復常掃其脚跡一切世人咸皆罵言佛法
中賊一切眾生眼不欲見犯戒之人畜生

无異若毀正戒者犯輕垢罪
若佛子常應一心受持讀誦大乘經律剝
皮爲紙刺血爲墨以髓爲水折骨爲筆書
寫佛戒木皮穀紙絹素竹帛亦悉書持
常以七寶无價香華一切雜寶爲箱囊盛
經律卷若不如法供養者犯輕垢罪
若佛子常起大悲心若入一切城邑舍宅見
一切衆生應當唱言汝等衆生盡應受
三歸十戒若見牛馬猪羊一切畜生應心念
口言汝是畜生發菩提心而菩薩入一切處
山林川野皆使一切衆生發菩提心是菩薩
若不發教化衆生心者犯輕垢罪
若佛子常行教化起大悲心若入檀越貴
人家一切衆中不得立爲白衣說法應在
白衣四衆前高座上坐法師比丘不得地立爲

BD01025　梵網經盧舍那佛說菩薩心地戒品第十卷下

人家一切衆中不得立為白衣說法應在
白衣四衆前高座上坐法師（比丘）不得地立為
四衆白衣說法若說法時法師高座香華
供養四衆聽者下座而坐敬如孝順父母順（敬）
法師教如事火婆羅門其說法者若不如
法（說者）犯輕垢罪
若佛子皆以信心受戒者若國王太子百官
四部弟子莫自恃高貴破滅佛法戒律明
作制法制我四部弟子不聽出家行道亦復
不聽造立形像佛塔經律立統官制衆使
安籍記僧比丘菩薩地立白衣高座廣行非
法如兵奴事主而菩薩正應受一切人供養
而反為官走使非法非律若國王百官好心
受佛戒者莫作是破三寶之罪若故作破
法者犯輕垢罪

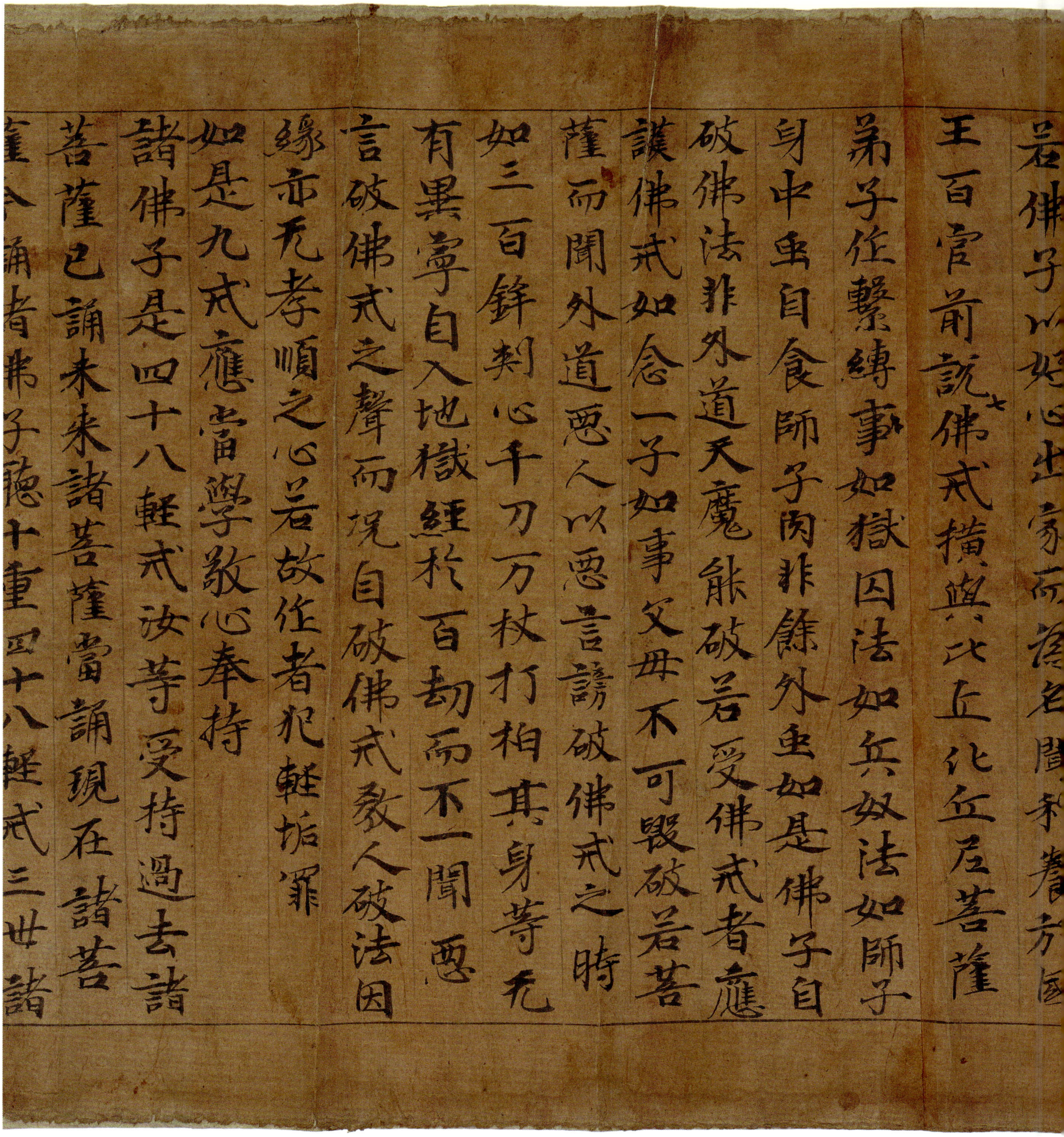

若佛子以好心出家而為名聞利養於國
王百官前說佛戒橫與比丘比丘尼菩薩
弟子作繫縛事如獄囚法如兵奴法如師子
身中虫自食師子肉非餘外虫如是佛子自
破佛法非外道天魔能破若受佛戒者應
護佛戒如念一子如事父母不可毀破若菩
薩而聞外道惡人以惡言謗破佛戒之時
如三百鉾刺心千刀万杖打拍其身等无
有異寧自入地獄經於百劫而不一聞惡
言破佛戒之聲而況自破佛戒教人破法因
緣亦无孝順之心若故作者犯輕垢罪
如是九戒應當學敬心奉持
諸佛子是四十八輕戒汝等受持過去諸
菩薩已誦未來諸菩薩當誦現在諸菩
薩今誦者佛子聽十重四十八輕戒三世諸

BD01025　梵網經盧舍那佛說菩薩心地戒品第十卷下

諸[illegible]
菩薩已誦未來諸菩薩當誦現在諸菩
薩今誦諸佛子聽十重四十八輕戒三世諸
佛已誦當誦今誦我今亦如是誦汝等一切大
衆若國王王子百官比丘比丘尼信男信女
受持菩薩戒者應受持讀誦解説書寫
佛性常住戒卷流通三世一切衆生化化不
絕得見千佛爲佛佛授手世世不墮惡道
八難常生人道天中我今在此樹下略開七
佛法戒汝等大衆當一心學波羅提木叉歡
喜奉行如无相天王品勸學中一一廣明
三千學仕時坐聽者聞佛自誦心心頂戴
喜躍受持

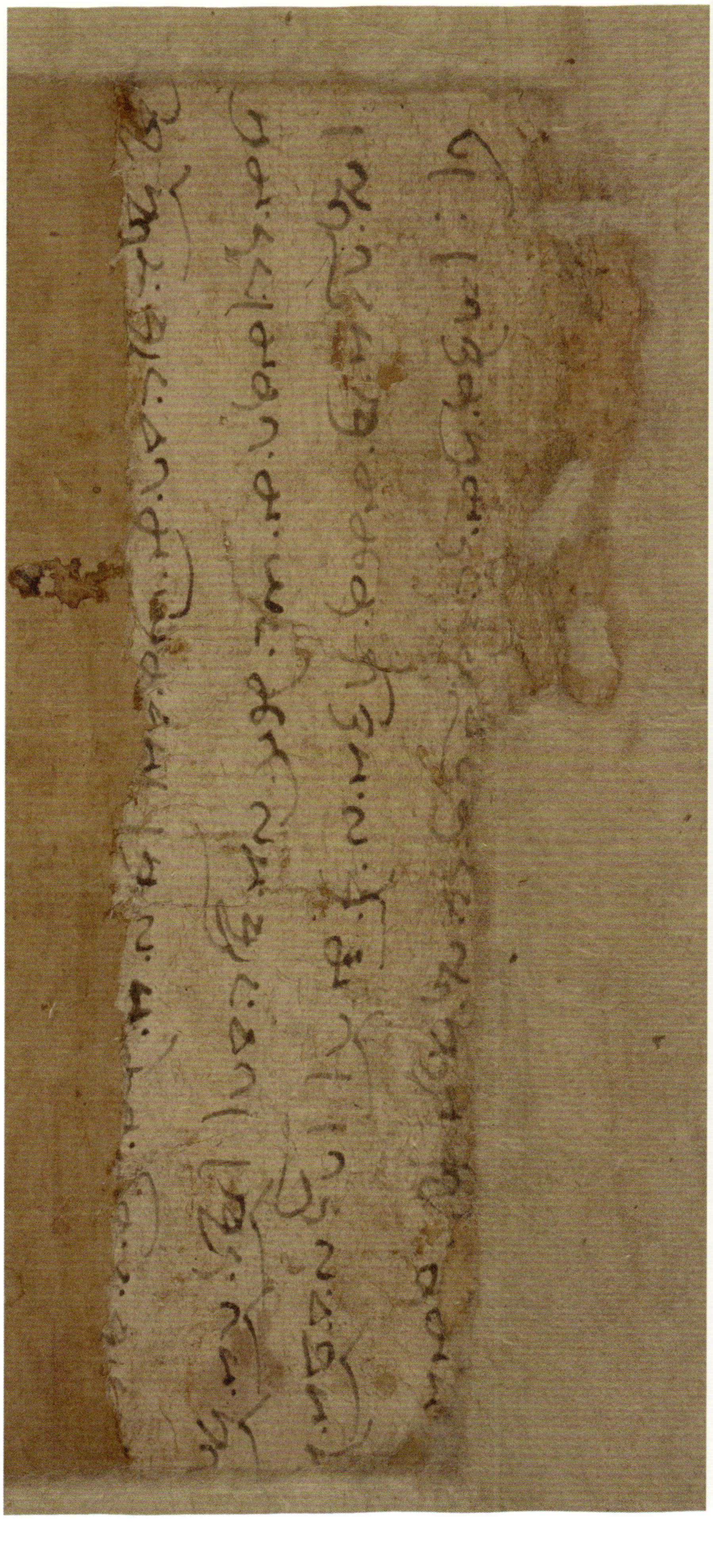

BD01025v　藏文社會文書

BD01026 大般若波羅蜜多經卷三一二

（唐）玄奘 譯

BD01026v 勘記

47.7cm × 25.2cm

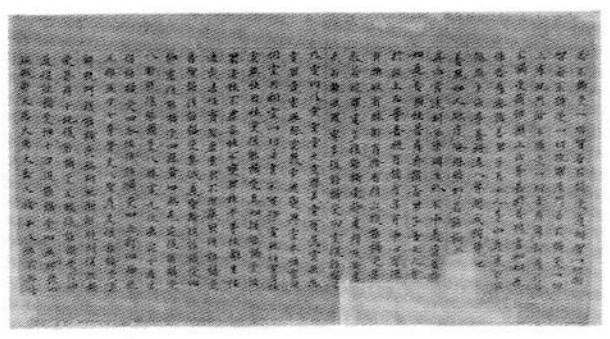

若不攝受一切智若不攝受道相智一切相
智若不攝受一切陁羅尼門若不攝受一切
三摩地門若不攝受一切菩薩摩訶薩行若
不攝受諸佛無上正等菩提善現當知如是
住菩薩乘諸善男子善女人等中道衰敗不
證無上正等菩提退入聲聞或獨覺地
善現如人欲度險惡曠野若能攝受
具必當達到安樂國土終不中道遭苦惱
如是善現住菩薩乘諸善男子善女人等
於無上正等菩提有信有忍有淨心有深
有樂欲有勝解有捨有精進復能攝受甚
般若波羅蜜多復能攝受靜慮精進安忍
戒布施波羅蜜多復能攝受內空復能攝受
外空內外空空空大空勝義空有為空無為

空畢竟空無際空散空無變異空本性空自
相空共相空一切法空不可得空無性空自性
空無性自性空復能攝受真如復能攝受法
界法性不虛妄性不變異性平等性離生性
法定法住實際虛空界不思議界復能攝受
苦聖諦復能攝受集滅道聖諦復能攝受四
靜慮復能攝受四無量四無色定復能攝受
八解脫復能攝受八勝處九次第定十遍處
復能攝受四念住復能攝受四正斷四神足
五根五力七等覺支八聖道支復能攝受空
解脫門復能攝受無相無願解脫門復能攝
受菩薩十地復能攝受五眼復能攝受六神
通復能攝受佛十力復能攝受四無所畏四
無礙解大慈大悲大喜大捨十八佛不共法

BD01026v　勘記

BD01027 大般若波羅蜜多經卷八

（唐）玄奘 譯

142.1cm × 25.6cm

諸菩薩摩訶薩由此智故雖脩四念住而不
得四念住雖脩四正斷四神足五根五力七
等覺支八聖道支而不得四正斷乃至八聖
道支諸菩薩摩訶薩由此智故雖住苦聖諦
而不得苦聖諦雖住集滅道聖諦而不得集
滅道聖諦諸菩薩摩訶薩由此智故雖脩四
靜慮而不得四靜慮雖脩四無量四無色定
而不得四無量四無色定諸菩薩摩訶薩由
此智故雖脩八解脫而不得八解脫雖脩八
勝處九次第定十遍處而不得八勝處九次
第定十遍處諸菩薩摩訶薩由此智故雖脩
空解脫門而不得空解脫門雖脩無相無願
解脫門而不得無相無願解脫門諸菩薩摩
訶薩由此智故雖脩一切陀羅尼門而不得

一切陁羅尼門雖修一切三摩地門
一切三摩地門諸菩薩摩訶薩由此智故雖
修極喜地而不得極喜地雖修離垢地發光
地焰慧地極難勝地現前地遠行地不動地
善慧地法雲地而不得離垢地乃至法雲地
諸菩薩摩訶薩由此智故雖修五眼而不得
五眼雖修六神通而不得六神通諸菩薩摩
訶薩由此智故雖修佛十力而不得佛十力
雖脩四無所畏四無礙解大慈大悲大喜大
捨十八佛不共法而不得四無所畏乃至十
八佛不共法諸菩薩摩訶薩由此智故雖脩
三十二大士相而不得三十二大士相雖脩
八十隨好而不得八十隨好諸菩薩摩訶薩
由此智故雖修無忘失法而不得無忘失法

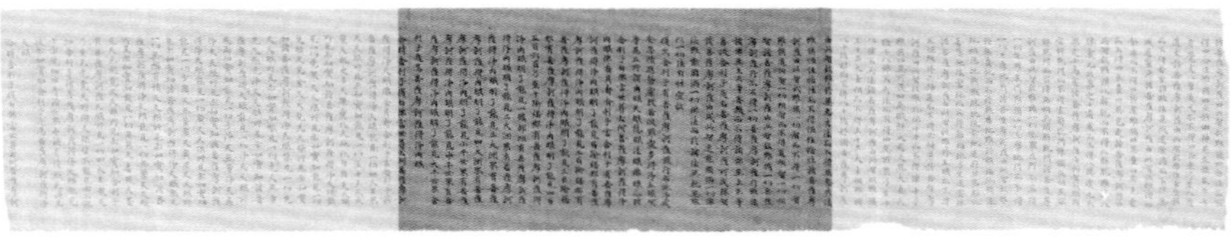

由此智故雖脩無忘失法而不得無忘失法
雖脩恒住捨性而不得恒住捨性諸菩薩摩
訶薩由此智故雖脩一切智而不得一切智
雖脩道相智一切相智而不得道相智一切相
智諸菩薩摩訶薩由此智故雖脩一切菩薩
摩訶薩行而不得一切菩薩摩訶薩行雖脩
諸佛無上正等菩提而不得諸佛無上正等
菩提舍利子是名菩薩摩訶薩所成勝智
諸菩薩摩訶薩由成此智速能圓滿一切佛
法雖能圓滿一切佛法而於諸法無執無取
以一切法自性空故
復次舍利子有菩薩摩訶薩脩行布施淨戒
安忍精進靜慮般若波羅蜜多得淨五眼何
等為五所謂肉眼天眼慧眼法眼佛眼尒時
舍利子白佛言世尊云何菩薩摩訶薩得淨

時佛告具壽舍利子言舍利子有菩薩摩
訶薩得淨肉眼明了能見百踰繕那有菩薩
摩訶薩得淨肉眼明了能見二百踰繕那有
菩薩摩訶薩得淨肉眼明了能見三百踰繕
那有菩薩摩訶薩得淨肉眼明了能見四百
五百六百乃至千踰繕那有菩薩摩訶薩得
淨肉眼明了能見一贍部洲有菩薩摩訶薩
得淨肉眼明了能見二大洲界有菩薩摩訶
薩得淨肉眼明了能見三大洲界有菩薩
摩訶薩得肉眼明了能見四大洲界有菩薩
摩訶薩得淨肉明了能見小千世界有菩薩
摩訶薩得淨肉眼明了能見中千世界有菩
薩摩訶薩得淨肉眼明了能見大千世界舍
利子是為菩薩摩訶薩得淨肉眼
尒時舍利子復白佛言世尊云何菩薩摩訶

尒時舍利子復白佛言世尊云何菩薩摩訶
薩得淨天眼佛告具壽舍利子言舍利子諸
菩薩摩訶薩得淨天眼能見一切四大王衆
天天眼所見亦如實知能見一切三十三天夜
魔天覩史多天樂變化天他化自在天天眼
所見亦如實知諸菩薩摩訶薩得淨天眼能
見一切梵衆天天眼所見亦如實知能見一切
梵輔天梵會天大梵天天眼所見亦如實
知諸菩薩摩訶薩得淨天眼能見一切光
天天眼所見亦如實知能見一切少光天無量
光天極光淨天天眼所見亦如實知諸菩
薩摩訶薩得淨天眼能見一切淨天天眼所
見亦如實知能見一切少淨天無量淨天遍
淨天天眼所見亦如實知諸菩薩摩訶薩

得淨天眼能見一[illegible]
能見一切少廣天無量廣天廣果天天眼所
見亦如實知諸菩薩摩訶薩得淨天眼能見
一切無想有情天天眼所見亦如實知諸菩
薩摩訶薩得淨天眼能見一切無繁天天眼
所見亦如實知能見一切無熱天善現天善
見天色究竟天天眼所見亦如實知舍利子
有菩薩摩訶薩天眼所見一切四大王衆天
乃至色究竟天所得天眼皆不能見亦不能
知舍利子諸菩薩摩訶薩得淨天眼能見
十方殑伽沙等諸世界中諸有情類死此生
彼亦如實知舍利子是為菩薩摩訶薩得淨
天眼
尒時舍利子復白佛言世尊云何菩薩摩訶

BD01028

梵網經盧舍那佛說菩薩心地戒品第十卷下

（後秦）鳩摩羅什 譯

83.2cm × 24.5cm

善學之人者是菩薩十波羅提木叉應當於中不應一
一犯如微塵許何況具足犯十戒若有犯者不得
現身發菩薩心亦失國王位亦失轉輪王位亦失比丘
比丘尼位亦失十發趣十長養十金剛十地佛
常住妙果一切皆失墮三惡道中二劫三劫
聞父母三寶名字以是不應一一毀犯汝等一
諸菩薩已學當學今學如是十戒應當學
心奉持八万威儀品當廣明
佛告諸菩薩言已說十波羅提木叉竟四十八輕
今當說
若佛子欲受國王位時受轉輪位時百官位時應
當先受菩薩戒一切鬼神救護王身百官諸身

當先受菩薩戒一切鬼神救護王身百官諸身
佛歡喜既得戒已生孝順心恭敬心見上座和
阿闍梨大同學同見同行者即起承迎礼拜問
訊而菩薩反生憍心癡心慢心不起承迎礼拜一一
不如法供養以自賣身國城男女七寶百物而供給
之若不尒者犯輕垢罪
若佛子故飲酒而生酒過失无量若自
身手過酒器與人飲酒者五百世无手何況
自飲不得教一切人飲酒及一切眾生飲酒何
況自飲若故自飲教人飲者犯輕垢罪
若佛子故食肉一切肉不得食斷大慈悲性
種子一切眾生見而捨去是故一切菩薩不
得食一切眾生肉食肉得无量罪若故食
者犯輕垢罪
若佛子不得食五辛大蒜革葱慈葱蘭

若佛子不得食五辛大蒜革葱慈葱蘭
葱興渠是五種一切食中不得食若故食者
犯輕垢罪
若佛子見一切衆生犯八戒五戒十戒毀禁
七逆八難一切犯戒罪應教懺悔而菩薩不
教懺悔同住同僧利養而共布薩一衆住說
戒而不舉其罪不教悔過者犯輕垢罪
若佛子見大乘法師大乘同學同見同行
者來入僧坊舍宅城邑若百里千里來者
即起迎來送去禮拜供養日日三時供養日食
三兩金百味飲食牀座醫藥供事法師一切所
須盡給與之常請法師三時說法日日三時禮
拜不生瞋心患惱之心爲法滅身請法若不
尒者犯輕垢罪
若佛子一切處有講法毗尼經律大會中有

若佛子一切處有講法毗尼經律大會中有
講法處是新學菩薩應持經律卷至法
師所聽受諮問若山林樹下僧地房中一切
說法處悉至聽受若不至彼聽受諮問
者犯輕垢罪

若佛子心背大乘常住經律言非佛說而
受持二乘聲聞外道惡人見一切禁戒邪見
經律者犯輕垢罪

若佛子見一切疾病人應供養如佛无異八
福田中看病福田第一福田若父母師僧弟
子病諸根不具百種病苦惱皆養令差而
菩薩以瞋恨心不至僧房中城邑曠野山林
道路中見病不救濟者犯輕垢罪

若佛子不得畜一切刀杖弓箭鉾斧鬪戰

BD01029

金剛般若波羅蜜經

（後秦）鳩摩羅什 譯

476.4cm × 25cm

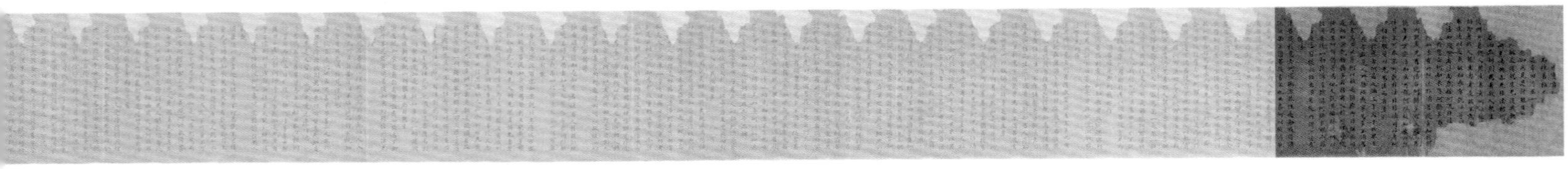

為實當知
而種善根已於
是章句乃至一念生
悉知悉見是諸衆生得
以故是諸衆生无復我相
相无法相亦无非法相何以
若心取相則爲着我人衆生
法相即着我人衆生壽者何以故
相即着我人衆生壽者是故不應取
取非法以是義故如来常說汝等比
說法如筏喻者法尚應捨何況非法
於意云何如来得阿耨多羅
耶如来有所說法耶須菩提言如我解

佛所說義无有定法名阿耨多羅三藐三菩
提亦无有定法如来可說何以故如来所說
法皆不可取不可說非法非非法所以者何
一切賢聖皆以无為法而有差別
提於意云何若人滿三千大千世界七
以用布施是人所得福德寧為多不須菩
提言甚多世尊何以故是福德即非福德性
是故如来說福德多若復有人於此經中受
持乃至四句偈等為他人說其福勝彼何以
故須菩提一切諸佛及諸佛阿耨多羅三藐
菩提法皆從此經出須菩提所謂佛法者
佛法
須菩提於意云何須陀洹能作是念我得須
陀洹果不須菩提言不也世尊何以故須陀

BD01029　金剛般若波羅蜜經

陁洹果不須菩提言不也世尊何以故須陁
洹名為入流而无所入不入色聲香味觸法
是名須陁洹須菩提於意云何斯陁含能作
是念我得斯陁含果不須菩提言不也世尊
故斯陁含名一往来而實无往来是名
斯陁含須菩提於意云何阿那含能作是念
我得阿那含果不須菩提言不也世尊何以
故阿那含名為不来而實无来是故名阿那
含須菩提於意云何阿羅漢能作是念我得
阿羅漢道不須菩提言不也世尊何以故實
法名阿羅漢世尊若阿羅漢作是念我
得阿羅漢道即為著我人衆生壽者世尊佛
説我得无諍三昧人中最為第一是第一離
欲阿羅漢我不作是念我是離欲阿羅漢世

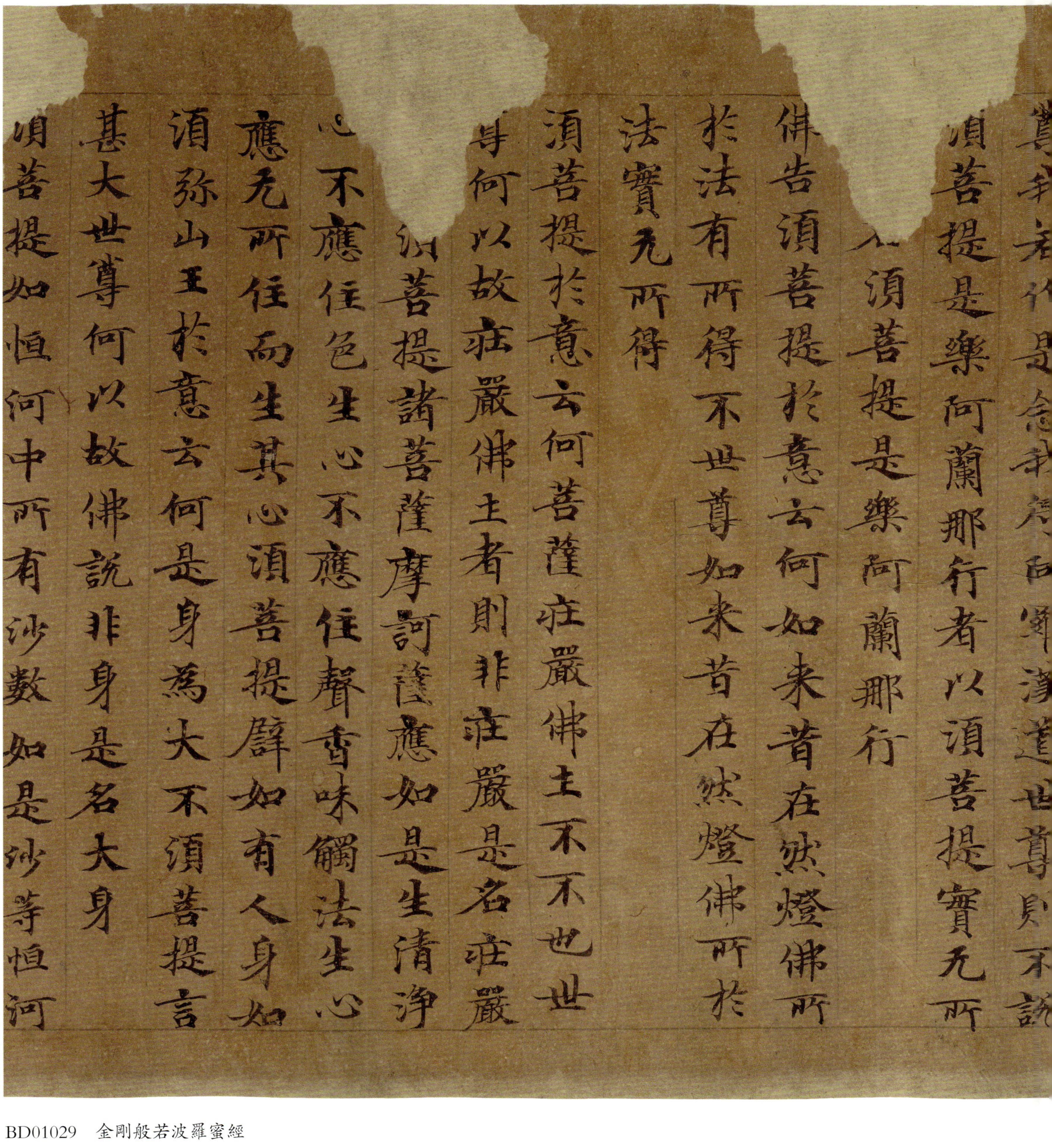

尊我若作是念我得阿羅漢道世尊則不說
須菩提是樂阿蘭那行者以須菩提實无所
名須菩提是樂阿蘭那行
佛告須菩提於意云何如来昔在然燈佛所
於法有所得不世尊如来昔在然燈佛所於
法實无所得
須菩提於意云何菩薩莊嚴佛土不不也世
尊何以故莊嚴佛土者則非莊嚴是名莊嚴
須菩提諸菩薩摩訶薩應如是生清淨
心不應住色生心不應住聲香味觸法生心
應无所住而生其心須菩提譬如有人身如
須弥山王於意云何是身為大不須菩提言
甚大世尊何以故佛說非身是名大身
須菩提如恒河中所有沙數如是沙等恒河

BD01029　金剛般若波羅蜜經

須菩提如恒河中所有沙數如是沙等恒河
何是諸恒河沙寧為多不須菩提言
甚多世尊但諸恒河尚多无數何況其沙須
菩提我今實言告汝若有善男子善女人以
七寶滿尔所恒河沙數三千大千世界以用
布施得福多不須菩提言甚多世尊佛告須
菩提若善男子善女人於此經中乃至受持
等為他人說而此福德勝前福德
復次須菩提隨說是經乃至四句偈等當知
此處一切世間天人阿脩羅皆應供養如佛
塔廟何況有人盡能受持讀誦須菩提當知
是人成就最上第一希有之法若是經典所
在之處則為有佛若尊重弟子
須菩提白佛言世尊當何名此經我等

云何奉持佛告須菩提是經名為金剛般若
波羅蜜以是名字汝當奉持所以者何須菩
提佛說般若波羅蜜則非般若波羅蜜須菩
提於意云何如來有所說法不須菩提白佛
言世尊如來无所說須菩提於意云何三千
界所有微塵是為多不須菩提言甚
多世尊須菩提諸微塵如來說非微塵是名
微塵如來說世界非世界是名世界須菩提
於意云何可以三十二相見如來不不也世
尊不可以三十二相得見如來何以故如來
說三十二相即是非相是名三十二相
提若有善男子善女人以恒河沙等身
命布施若復有人於此經中乃至受持四句
偈等為他人說其福甚多

偈等為他人說其福甚多
尒時須菩提聞說是經深解義趣涕淚悲泣
而白佛言希有世尊佛說如是甚深經典我
從昔来所得慧眼未曾得聞如是之經 世尊
復有人得聞是經信心清淨則生實相當
知是人成就第一希有功德世尊是實相者
則是非相是故如来說名實相世尊我今得
聞如是經典信解受持不足為難若當来世
後五百歲其有衆生得聞是經信解受持是
則為第一希有何以故此人无我相人相
衆生相壽者相所以者何我相即是非相人
相衆生相壽者相即是非相何以故離一切
諸相則名諸佛
佛告須菩提如是如是若復有人得聞是經

不驚不怖不畏當知是人甚爲希有何以故
提如来說第一波羅蜜非第一波羅蜜
是名第一波羅蜜
須菩提忍辱波羅蜜如来說非忍辱波羅蜜
何以故須菩提如我昔爲歌利王割截身體
我於尒時无我相无人相无衆生相无壽者
相何以故我於往昔節節支解時若有我相
衆生相壽者相應生瞋恨須菩提又念
過去於五百世作忍辱仙人於尒所世无我
相无人相无衆生相无壽者相是故須菩提
菩薩應離一切諸相發阿耨多羅三藐三菩提
心不應住色生心不應住聲香味觸法生心
應生无所住心若心有住則爲非住是故佛
說菩薩心不應住色布施須菩提菩薩爲利

應生无所住心若心有住則爲非住是故佛
說菩薩心不應住色布施須菩提菩薩爲利
益一切衆生應如是布施如來說一切諸相
即是非相又說一切衆生則非衆生
須菩提如來是真語者實語者如語者不誑
語者不異語者須菩提如來所得法此法无
虛
須菩提若菩薩心住於法而行布施如人入
闇則无所見若菩薩心不住法而行布施如
人有目日光明照見種種色
須菩提當來之世若有善男子善女人能於
此經受持讀誦則爲如來以佛智慧悉知是
悉見是人皆得成就无量无邊功德
須菩提若有善男子善女人初日分以恒河

沙等身布施中日分復以恒河沙等身布施
後日分亦以恒河沙等身布施如是无量百
千万億劫以身布施若復有人聞此經典信
心不逆其福勝彼何況書寫受持讀誦為人
解說
須菩提以要言之是經有不可思議不可稱
量无邊功德如来為發大乘者說為發最上
乘者說若有人能受持讀誦廣為人說如来
悉知是人悉見是人皆得成就不可量不可
无有邊不可思議功德如是人等則為荷
擔如来阿耨多羅三藐三菩提何以故須菩
提若樂小法者著我見人見衆生見壽者見
則於此經不能聽受讀誦為人解說須菩提
在在處處若有此經一切世間天人阿脩羅

BD01029　金剛般若波羅蜜經

在在處處若有此經一切世間天人阿脩羅
供養當知此處則爲是塔皆應恭敬作
禮圍遶以諸華香而散其處
復次須菩提善男子善女人受持讀誦此經
若爲人輕賤是人先世罪業應墮惡道以今
世人輕賤故先世罪業則爲消滅當得阿耨
多羅三藐三菩提須菩提我念過去无量阿
祇劫於然燈佛前得值八百四千万億那
由他諸佛悉皆供養承事无空過者若復有
人於後末世能受持讀誦此經所得功德於
我所供養諸佛功德百分不及一千万億分
乃至筭數譬喻所不能及須菩提若善男子
人於後末世有受持讀誦此經所得功
德我若具說者或有人聞心則狂亂狐疑不

信須菩提當知是經義不可思議果報亦不
可思議
尒時須菩提白佛言世尊善男子善女人發
阿耨多羅三藐三菩提心云何應住云何降
伏其心佛告須菩提善男子善女人發阿耨
多羅三藐三菩提者當生如是心我應滅度
一切衆生滅度一切衆生已而无有一衆生
實滅度者何以故若菩薩有我相人相衆生
相壽者相則非菩薩所以者何須菩提實无有
發阿耨多羅三藐三菩提者
須菩提於意云何如來於然燈佛所有法得
阿耨多羅三藐三菩提不不也世尊如我解
佛所說義佛於然燈佛所无有法得阿耨多
羅三藐三菩提佛言如是如是須菩提實无

BD01029　金剛般若波羅蜜經

羅三藐三菩提佛言如是如是須菩提實无
法如来得阿耨多羅三藐三菩提須菩提
若有法如来得阿耨多羅三藐三菩提者然
燈佛則不與我受記汝於来世當得作佛号
釋迦牟尼以實无有法得阿耨多羅三藐三
菩提是故然燈佛與我受記作如是言汝於
来世當得作佛号釋迦牟尼何以故如来者即
諸法如義若有人言如来得阿耨多羅三藐三
菩提須菩提實无有法佛得阿耨多羅三藐
三菩提須菩提如来所得阿耨多羅三藐三
菩提於是中无實无虚是故如来說一切法
皆是佛法須菩提所言一切法者即非一切
法是故名一切法
須菩提譬如人身長大須菩提言世尊如来

說人身長大則為非大身是名大身
須菩提菩薩亦如是若作是言我當滅度无
量衆生則不名菩薩何以故須菩提實无有
名為菩薩是故佛說一切法无我无人无
衆生无壽者須菩提若菩薩作是言我當莊
嚴佛土是不名菩薩何以故如来說莊嚴佛
土者即非莊嚴是名莊嚴須菩提若菩薩通
達无我法者如来說名真是菩薩
須菩提於意云何如来有肉眼不如是世尊
如来有肉眼須菩提於意云何如来有天眼
不如是世尊如来有天眼須菩提於意云何
如来有慧眼不如是世尊如来有慧眼須菩
提於意云何如来有法眼不如是世尊如来
有法眼須菩提於意云何如来有佛眼不如

BD01029　金剛般若波羅蜜經

有法眼須菩提於意云何如来有佛眼不如
是世尊如来有佛眼須菩提於意云何如恒河
中所有沙佛説是沙不如是世尊如来説是
沙須菩提於意云何如一恒河中所有沙有
如是等恒河是諸恒河所有沙數佛世界如
是寧為多不甚多世尊佛告須菩提尒所國
土中所有衆生若干種心如来悉知何以故
如来説諸心皆為非心是名為心所以者何
須菩提過去心不可得現在心不可得未来
心不可得須菩提於意云何若有人滿三千
大千世界七寶以用布施是人以是因縁得
福多不如是世尊此人以是因縁得福甚多
須菩提若福德有實如来不説得福德多以
福德无故如来説得福德多

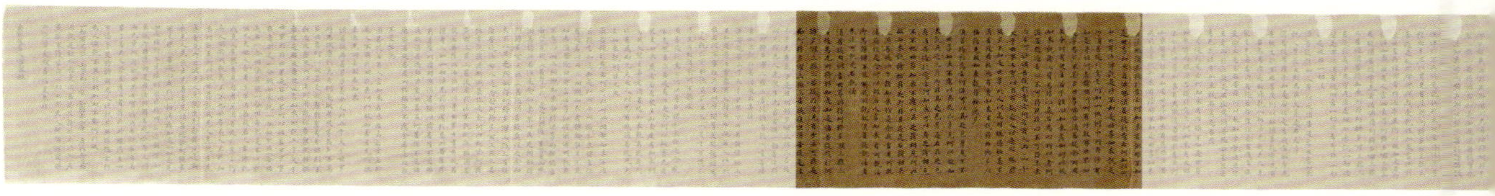

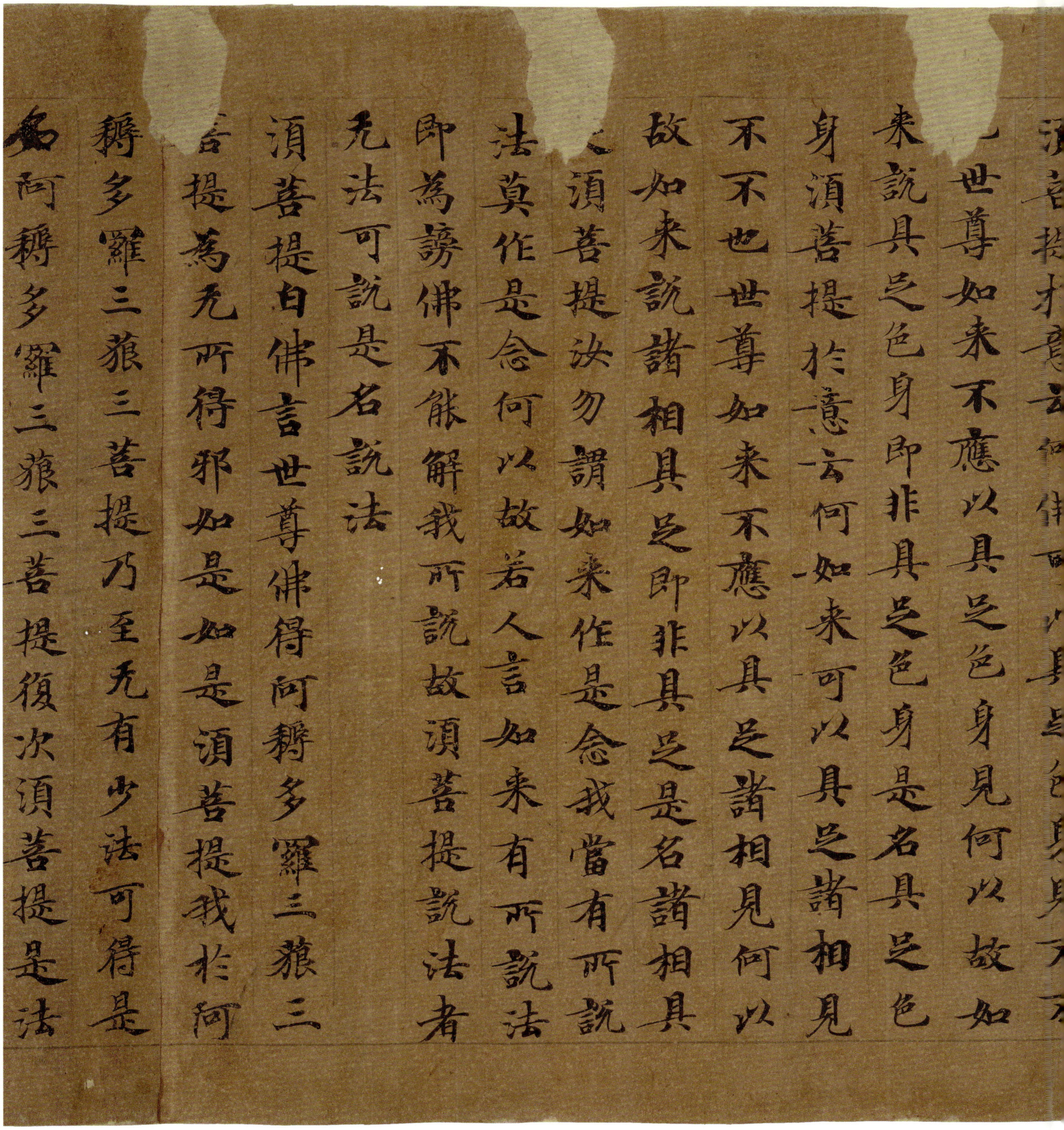

須菩提於意云何佛可以具足色身見不不
也世尊如来不應以具足色身見何以故如
来説具足色身即非具足色身是名具足色
身須菩提於意云何如来可以具足諸相見
不不也世尊如来不應以具足諸相見何以
故如来説諸相具足即非具足是名諸相具
足須菩提汝勿謂如来作是念我當有所説
法莫作是念何以故若人言如来有所説法
即為謗佛不能解我所説故須菩提説法者
无法可説是名説法
須菩提白佛言世尊佛得阿耨多羅三藐三
菩提為无所得耶如是如是須菩提我於阿
耨多羅三藐三菩提乃至无有少法可得是
名阿耨多羅三藐三菩提復次須菩提是法

BD01029　金剛般若波羅蜜經

名阿耨多羅三藐三菩提復次須菩提是法
平等无有高下是名阿耨多羅三藐三菩提
以无我无人无衆生无壽者脩一切善法則
阿耨多羅三藐三菩提須菩提所言善法
者如来説非善法是名善法
須菩提若三千大千世界中所有諸須弥山
王如是等七寶聚有人持用布施若人以此
般若波羅蜜經乃至四句偈等受持讀誦為
人説於前福德百分不及一百千万億分
乃至筭數譬喻所不能及
須菩提於意云何汝等勿謂如来作是念我
當度衆生須菩提莫作是念何以故實无有
衆生如来度者若有衆生如来度者如来則
有我人衆生壽者須菩提如来説有我者則

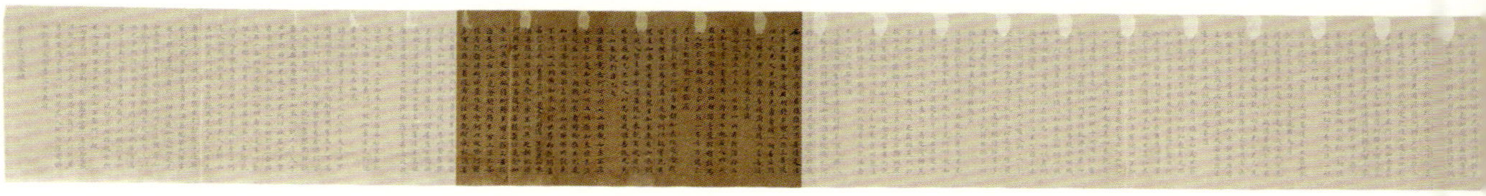

非有我而凡夫之人以為有我須菩提凡夫
者如來說則非凡夫
須菩提於意云何可以卅二相觀如來不須
菩提言如是如是以卅二相觀如來佛言須
菩提若以卅二相觀如來者轉輪聖王則是
如來須菩提白佛言世尊如我解佛所說義
不應以卅二相觀如來尒時世尊而說偈言
若以色見我　以音聲求我　是人行邪道　不能見如來
須菩提汝若作是念如來不以具足相故得
阿耨多羅三藐三菩提須菩提莫作是念如
來不以具足相故得阿耨多羅三藐三菩提
須菩提汝若作是念發阿耨多羅三藐三菩
提者說諸法斷滅莫作是念何以故發阿耨
多羅三藐三菩提者於法不說斷滅相須菩

BD01029　金剛般若波羅蜜經

多羅三藐三菩提者於法不説断滅相須菩
提若菩薩以滿恒河沙等世界七寶布施若
復有人知一切法无我得成於忍此菩薩勝
前菩薩所得功德須菩提以諸菩薩不受福
德故須菩提白佛言世尊云何菩薩不受福
德須菩提菩薩所作福德不應貪著是故説
不受福德
須菩提若有人言如来若来若去若坐若卧
是人不解我所説義何以故如来者无所從
来亦无所去故名如来
須菩提若善男子善女人以三千大千世界
碎爲微塵於意云何是微塵衆寧爲多不甚
多世尊何以故若是微塵衆實有者佛則不
説是微塵衆所以者何佛説微塵衆則非微

塵衆是名微塵衆世尊如來所說三千大千
世界則非世界是名世界何以故若世界實
有者則是一合相如來說一合相則非一合相
是名一合相須菩提一合相者則是不可說
但凡夫之人貪著其事須菩提若人言佛說
我見人見衆生見壽者見須菩提於意云何
是人解我所說義不不世世尊是人不解如
來所說義何以故世尊說我見人見衆生見
壽者見即非我見人見衆生見壽者見是名
我見人見衆生見壽者見須菩提發阿耨多
羅三藐三菩提心者於一切法應如是知如是見
如是信解不生法相須菩提所言法相者如
來說即非法相是名法相須菩提若有人以
滿无量阿僧祇世界七寶持用布施若有善

BD01029　金剛般若波羅蜜經

滿无量阿僧祇世界七寶持用布施若有善
男子善女人發菩薩心者持於此經乃至四
句偈等受持讀誦為人演說其福勝彼云何
為人演說不取於相如如不動何以故
一切有為法　如夢幻泡影　如露亦如電　應作如是觀
佛說是經已長老須菩提及諸比丘比丘尼
優婆塞優婆夷一切世間天人阿脩羅聞佛
所說皆大歡喜信受奉行

金剛般若波羅蜜經

BD01030 無常經

（唐）義净 譯

125.5cm×25.3cm

情生死流　令得涅槃安隱處
大悲防非忍無倦　一心方便正慧力
自利利他悲圓滿　故号調御天人師
稽首歸依妙法藏　三四二五理圓明
七八能開四諦門　修者咸到無爲岸
法雲法雨潤群生　能除熱惱蠲衆病
難化之徒使調順　隨機引導非强力
稽首歸依真聖衆　八輩上人能離染
金剛智杵破耶山　永斷無始相纏縛
始從鹿菀至雙林　隨佛一代弘真教
各隨本緣行化已　厌身藏智證無生
稽首總敬三寶尊　是爲正因能普濟
生死[illegible]

生者皆歸死　容顏盡變衰　強力病所侵　无能免斯者
假使妙高山　劫盡皆散壞　大海深無底　亦復皆枯竭
大地及日月　時至皆歸盡　未曾有一事　不被無常吞
上至非想處　下至轉輪王　七寶鎮隨身　千子常圍遶
如其受命盡　須臾不暫停　還漂死海中　隨緣受衆苦
循環三界内　猶如汲井輪　亦如蠶作繭　吐絲還自縛
無上諸世尊　獨覺聲聞衆　常捨無常身　何況諸凡夫
父母及妻子　兄弟并眷屬　目觀生死隔　云何不愁歎
是故勸諸子　諦聽真實法　共捨无常處　當行不死門
佛教如甘露　除熱得清涼　至心應善聽　能滅諸煩惱
如是我聞　一時薄伽梵在室羅筏住誓多林
給孤獨園　尒時佛告諸苾蒭　有三種法於諸
世間是不可愛　是不光澤　是不可念　是不稱
意　何者為三　謂老病死　汝諸苾蒭　此老病死

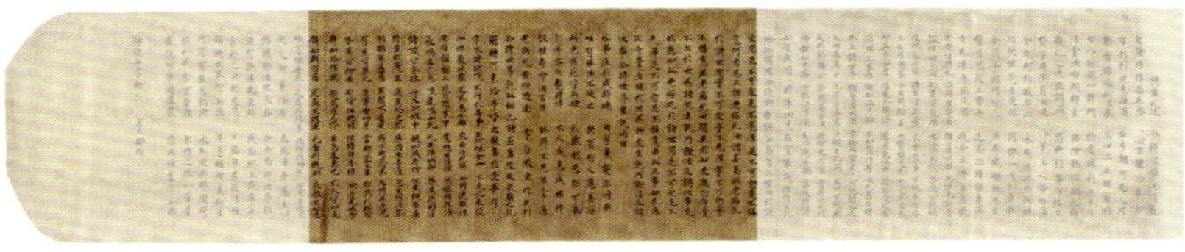

世間是不可愛是不光澤是不可念是不稱
意何者爲三謂老病死汝諸苾芻此老病死
於諸世間實不可愛實不光澤實不可念實
不稱意若老病死世間無者如来應正等覺
不出於世爲諸衆生說所證法及調伏事是
故應知此老病死於諸世間是不可愛是不
光澤是不可念是不稱意由此三事如来應
正等覺出現於世爲諸衆生說所證法及調
伏事尒時世尊重說頌曰
外事莊彩咸歸壞　内身衰變亦同然
唯有勝法不滅亡　諸有智人應善察
此老病死皆共嫌　形儀醜惡極可猒
少年容貌暫時停　不久咸悉成枯悴
假使壽命滿百年　終歸不免無常逼

老病死皆恒隨逐 常與衆生作無利

尒時世尊說此經已諸苾蒭衆天龍藥叉乾
闥縛阿素洛等皆大歡喜信受奉行

常求諸欲境 不行於善事 云何保全命 不見死來侵
命根氣欲盡 支節悉分離 衆苦與死俱 此時徒歎恨
兩目俱飜上 死刀隨業下 意想並慞惶 無能相救濟
長喘連胷急 短氣喉中乾 死王催伺命 親屬徒相守
諸識皆昏昧 行入險城中 親知咸棄捨 任黒繩牽去
將至琰魔王 隨業而受報 勝因生善道 惡業墮泥犁
明眼無過慧 黒闇不過癡 病不越怨家 大怖無過死
有生皆畢死 造罪苦切身 當勤策三業 勤脩於福智
眷屬皆捨去 財貨任他將 但持自善根 險道充粮食
譬如路傍樹 蹔息非久停 車馬及妻兒 不久皆如是
譬如群宿鳥 夜聚旦隨飛 死去別親知 乖離亦如是

譬如群宿鳥　夜聚旦隨飛　死去別親知　乖離亦如是
唯有佛菩提　是真歸仗處　依經我略說　智者善應思
天人阿素洛等　來聽法者應至心
擁護佛法使長存　各各勤行世尊教
諸有聽徒來至此　或在地上或居空
常於人世起慈悲　日夜自身依法住
願諸世界常安隱　無邊福智益群生
所有罪業悉銷除　永斷衆苦歸圓寂
恒以戒香塗瑩體　常持定服以資身
菩提妙華用莊嚴　隨所住處常安樂

佛說無常經　一名三啓經

BD01031 金光明最勝王經卷五

（唐）義淨 譯

BD01031v 金光明最勝王經卷五外題

630.6cm × 26.7cm

[illegible]身金色　[illegible]毛端相不[illegible]
[illegible][illegible]右旋文　微妙光彩雜爲喻
福誕身有妙光明　普照一切十方界
能滅三有衆生苦　令彼悉蒙安隱樂
地獄傍生鬼道中　阿蘇羅天及人趣
令彼除滅於衆苦　常受自然安隱樂
身色光明常普照　譬如鎔金妙无比
面貌圓明如滿月　脣色赤好踰頻婆
行步威儀類師子　身光朗耀同初日
臂肘纖長立過膝　狀等垂下娑羅枝
圓光一尋照无邊　赫奕猶如百千日
悉能遍至諸佛刹　隨緣所在覺群迷
淨光明網无倫比　流輝遍滿百千界
普照十方无障礙　一切衆[illegible]闇[illegible][illegible][illegible]

善逝慈光能與
妙色勝儀等金山
流光悉至百千土
衆生遇者皆出離
佛身成就无量福
一切功德共莊嚴
超過三界獨稱尊
世間殊勝无與等
所有過去一切佛
數同大地諸微塵
未來現在十方尊
亦如大地微塵衆
我以至誠身語意
稽首歸依三世佛
讚難无邊功德海
種種香花皆供養
設我口中有千舌
經无量劫讚如來
世尊功德不思議
最勝甚難可說
假令我舌有百千
讚難（歎）一佛一功德
於中少分尚難知
況諸佛德无邊際
假使大地及諸天
乃至有頂為海水
可以毛端滴知數
佛一功德甚難量
我以至誠身語意
礼讚諸佛德无邊
所有勝論果難思
迴施衆生速成佛

所有勝論最難思　迴施衆生速成佛
彼王讚歎如來已　信復深心發弘願
願我當於未來世　生在无量量數劫
夢中常見大金鼓　得聞顯説懺悔音
讚佛功德喻蓮花　願證无生成正覺
諸佛出世時一現　於百千劫甚難逢
夜夢常聞妙鼓音　晝則隨應而懺悔
我當圓滿脩六度　拔濟衆生出苦海
然後得成无上覺　佛土清淨不思議
以妙金鼓奉如來　并讚諸佛實功德
因斯當見釋迦佛　記我當紹人中尊
金龍金光是我子　過去曾爲善知識
世世願生於我家　共受无上菩提記
若有衆生无救護　長夜輪迴受衆苦
我於來世作歸依　令彼常得安隱樂

三有衆苦願除滅　悉得隨心安樂處
於未來世脩菩提　皆如過去成佛者
願此金光懺悔福　永絕苦海罪消除
業障煩惱悉皆亡　令我速招清淨果
福智大海量无邊　清淨離垢深无底
願我獲斯功德海　速成无上大菩提
以此金光懺悔力　當獲福德淨光明
既得清淨妙光明　常以智光照一切
願我身光等諸佛　福德智慧亦復然
一切世界獨稱尊　威力自在无倫匹
有漏苦海願超越　无為樂海願常遊
現在福海願恒盈　當來智海願圓滿
願我剎土超三界　殊勝功德量无邊
諸有緣者悉同生　皆得速成清淨智
妙幢汝當知　國王金龍主　曾發如是願　彼即是汝身
往時有二子　金龍及金光　即銀相銀光　當受我所記

往時有二子　金龍及金光　即銀相銀光　當受我所記
大衆聞是說　皆發菩提心　願現在未來　常依此懺悔
金光明㝡勝王經金勝陀羅尼品第八
尒時世尊復於衆中告善住菩薩摩訶薩善
男子有陀羅尼名曰金勝若有善男子善女
人欲求親見過去未來現在諸佛恭敬供養
者應當受持此陀羅尼何以故此陀羅尼乃
是過現未來諸佛之母是故當知持此陀羅
尼者具大福德已於過去无量佛所殖諸善
本今得受持於戒清淨不毀不缺无有障礙
決定能入甚深法門世尊即為說持呪法先
稱諸佛及菩薩名至心礼敬然復誦呪
南謨十方一切諸佛　南謨諸大菩薩摩訶薩
南謨聲聞緣覺一切賢聖
南謨釋迦牟尼佛　南謨東方不動如来

南謨[illegible]方寶[illegible]佛　南謨西方[illegible]陀佛
南謨北方天鼓音王佛　南謨上方廣衆德佛
南謨下方明德佛　南謨寶藏佛
南謨善光佛　南謨普明佛
南謨香積王佛　南謨蓮花勝佛
南謨平等見佛　南謨寶髻佛
南謨寶上佛　南謨寶光佛
南謨无垢光明佛　南謨稱才莊嚴思惟佛
南謨淨月光稱相王佛　南謨花嚴光佛
南謨光明王佛　南謨善光无垢稱王佛
南謨觀察无畏自在佛　南謨无畏名稱佛
南謨最勝王佛
南謨觀自在菩薩摩訶薩　南謨地藏菩薩摩訶薩
南謨虛空藏菩薩摩訶薩　南謨妙吉祥菩薩摩訶薩
南謨金剛手菩薩摩訶薩　南謨普賢菩薩摩訶薩
南謨无盡意菩薩摩訶薩　南謨大勢至菩薩摩訶薩

南謨无盡意菩薩摩訶薩　南謨大勢至菩薩摩訶薩
南謨慈氏菩薩摩訶薩　南謨善惠菩薩摩訶薩
陁羅尼曰
南謨曷喇怛娜怛喇夜也　怛　姪　他
君睇　君　睇　矩折囉　矩　折囉
壹室哩　蜜　室　哩　莎訶
佛告善住菩薩此陁羅尼三世佛母若有
善男子善女人持此呪者能生无量无邊
福德之聚即是供養恭敬尊重讚歎无數諸
佛如是諸佛皆與此人授阿耨多羅三藐三
菩提記善住若有人能持此呪者隨其所欲
衣食財寶多聞聰慧无病長壽獲福甚多隨
所願求无不遂意善住持是呪者乃至未證无
上菩提常與金城山菩薩慈氏菩薩大海
菩薩觀自在菩薩妙吉祥菩薩大氷加羅菩薩

持此呪時作如是法先應誦持滿一万八遍
為前方便於闇室莊嚴道場黑月一日清
淨洗浴著鮮潔衣燒香散花種種供養并諸
飲食入道場中先當稱礼如前所說諸佛菩
薩至心懺重悔先罪已右膝著地可誦前呪
滿一千八遍端坐思惟念其所願日未出時
於道場中食淨黑食日唯一食至十五日方
出道場能令此人福德威力不可思議隨所
願求无不圓滿若不遂意重入道場既稱心
已常持莫忘
金光明最勝王經顯空性品第九
尒時世尊說此呪已為欲利益菩薩摩訶薩
人天大衆令得悟解甚深真實第一義故重
明空性而說頌曰

明空性而說頌曰

我已於餘甚深經　廣說真空微妙法
今復於此經王內　略說空法不思議
於諸廣大甚深法　有情无智不能解
故我於斯重敷演　令於空法得開悟
大悲哀愍有情故　以善方便勝因緣
我今於此大衆中　演說令彼明空義
當知此身如空聚　六賊依止不相知
六塵諸賊別依根　各不相知亦如是
眼根常觀於色處　耳根聽聲不斷絕
鼻根恒嗅於香境　舌根鎮常於美味
身根受於輕耎觸　意根了法不知厭
此等六根隨事起　各於自境生分別
識如幻化非真實　依止根處妄貪求
如人奔走空聚中　六識依根亦如是

心遍馳求隨處轉 託根緣境了諸事
常愛色聲香味觸 於法尋思無暫停
隨緣遍於於六根 如鳥飛空無障礙
藉此諸根作依處 方能了別於外境
此身無知無作者 體不堅固託緣成
皆從虛妄分別生 譬如機關由業轉
地水火風共成身 隨彼因緣招異果
同在一處相違害 如四毒蛇居一篋
此四大蛇性各異 雖居一處有昇沉
或上或下遍於身 斯等終歸於滅法
於此四種毒蛇中 地水二蛇多沉下
風火二蛇性輕舉 由此乖違眾病生
心識依止於此身 造作種種善惡業
當往人天三惡趣 隨其業力受身形
遭諸疾病身死後 大小便利悉盈流

遺諸疾病身死後　大小便利悉盈流
膿爛蟲蛆不可樂　棄在屍林如朽木
汝等當觀法如是　云何執有我衆生
一切諸法盡无常　悉從无明緣力起
彼諸大種咸虛妄　本非實有體无生
故諸大種性皆空　知此浮虛非實有
无明自性本是无　藉衆緣力和合有
於一切時失正慧　故我說彼爲无明
行識爲有名色　六處及觸受隨生
愛取有緣生老死　憂悲苦惱恒隨逐
衆苦惡業常纏迫　生死輪迴无息時
本來非有體是空　由不如理生分別
我斷一切諸煩惱　常以正智現前行
了五蘊宅悉皆空　求證菩提真實處
我開甘露大城門　示現甘露微妙器

既得甘露其寶味　常以甘露施群生
我擊最勝大法鼓　我吹最勝大法螺
我然最勝大明燈　我降最勝大法雨
降伏煩惱諸怨結　建立元上大法幢
於生死海濟群迷　我當開閉三惡趣
煩惱熾火燒衆生　元有救護元依止
清涼甘露充足彼　身心熱惱並皆除
由是我於元量劫　恭敬供養諸如來
堅持禁戒趣菩提　求證法身安樂處
施他眼耳及手足　妻子僮僕心元悋
財寶七珍莊嚴具　隨來求者咸供給
忍等諸度皆遍修　十地圓滿成正覺
故我得稱一切智　元有衆生度量者
假使三千大千界　盡此土地生長物
所有叢林諸樹木　稻麻竹葦及枝條

所有藂林諸樹木　稻麻竹葦及枝條
此等諸物皆伐取　並悉細末作微塵
隨處積集量難知　乃至充滿虛空界
一切十方諸剎土　所有三千大千界
地土皆悉末為塵　此微塵量不可數
假使一切衆生智　以此智慧與一人
如是智者量無邊　容可知彼微塵數
牟尼世尊一念智　令彼智人共度量
於多俱胝劫數中　不能算知其少分
時諸大衆聞佛說此甚深空性有無量衆
生能了達四大五蘊體性俱空六根六境妄
生繫縛願捨輪迴正修出離深心慶喜如說
奉持

金光明最勝王經依空滿願品第十

爾時如意寶光耀天女於大衆中聞說深法
歡喜踊躍從座而起偏袒右肩右膝著地合

掌恭敬白佛言世尊唯願為說於甚深理修
行之法而說頌言
我問照世界　兩足最勝尊　菩薩正行法　唯願慈聽許
佛言善女天　若有疑惑者　隨汝意所問　吾當分別說
是時天女請世尊曰
云何諸菩薩　行菩提正行　離生死涅槃　饒益自他故
佛告善女天依於法界行菩提法修平等行
云何依於法界行菩提法修平等行謂於五
蘊能現法界法界即是五蘊五蘊不可說非
五蘊亦不可說何以故若法界是五蘊即是
斷見若離五蘊即是常見離於二相不著
邊不可見過所見无名无相是則名為說於
法界善女天云何五蘊能現法界如是五蘊不
從因緣生何以故若從因緣生者為已生故
生為未生故生若已生生者何用因緣若

行因緣生何以故行因緣生者若已生故
生為未生故生若已生生者何用因緣若
未生生者不可得生何以故未生諸法即是
非有无名无相非挍量譬喻之所能及非是
因緣之所生故善女天譬如鼓聲依木依皮
及桴手等故得出聲如是鼓聲過去亦空未
来亦空現在亦空何以故是鼓音聲不從木
生不從皮生及桴手生不於三世生是則不
生若不可生則不可滅若不可滅无所從来
若无所從来亦无所去若无所去則非常非
斷若非常非斷則不一不異何以故此若是
一則不異法界若如是者凡夫之人應見真
諦得於无上安樂涅槃既不如是故知不一
若言異者一切諸佛菩薩行相即是執着未
得解脫煩惱繫縛即不證阿耨多羅三藐三
菩提何以故一切聖人於行非行同真實性

是故不異故知五蘊非有非无不從因緣生
非无因緣生是聖所知非餘境故亦非言說
之所能及无名无相无因无緣亦无譬喻始終
寂靜本來自空是故五蘊能現法界善女天
若善男子善女人欲求阿耨多羅三藐三
菩提異真異俗難可思量於凡聖境體非一
異不捨於俗不離於真依於法界行菩提行
尒時世尊作是語已時善女天踊躍歡喜即
從座起偏袒右肩右膝著地合掌恭敬一心
頂礼而白佛言世尊如上所說菩提正行我
今當學是時索訶世界主大梵天王於大衆
中問如意寶光耀善女天曰此菩提行難可
修行汝今云何於菩提行而得自在尒時善
女天荅梵王曰大梵王如佛所說實是甚深
一切異生不解其義是聖境界微妙難知若
使我今依於此法得安樂住是實語者願令

一切衆生不能其義是聖境界微妙難知若
使我今依於此法得安樂住是實語者願令
一切五濁惡世无量无數无邊衆生皆得金
色卅二相非男非女坐寶蓮花受无量樂雨
天妙花諸天音樂不鼓自鳴一切供養皆悉
具足時善女天說是語已一切五濁惡世所有
衆生皆悉金色具大人相非男非女坐寶
蓮花受无量樂猶如他化自在天宮无諸惡
道寶樹行列七寶蓮花遍滿世界又雨七寶
上妙天花作天伎樂如意寶光耀善女天即
轉女身作梵天身時大梵王問如意寶光耀
菩薩言仁者如何行菩提行答言梵王若水
中月行菩提行我亦行菩提行若夢中行菩
提行我亦行菩提行若陽燄行菩提行我亦
行菩提行若谷響行菩提行我亦行菩提行
時大梵王聞此說已白菩薩言仁依何義而

說此語已言梵王无有一法是實相者但由
因緣而得成故梵王言若如是者諸凡夫人
皆悉應得阿耨多羅三藐三菩提荅言仁以
何意而作是說愚癡人異智慧人異菩提異
非菩提異解脫異非解脫異梵王如是諸法
平等无異於此法界真如不異无有中間而
可執著无增无減梵王辟如幻師及幻弟子
善解幻術於四衢道取諸沙土草木葉等聚
在一處作諸幻術使人覩見象眾馬眾車兵
等眾七寶之聚種種倉庫若有眾生愚癡无
智不能思惟不知幻本若見若聞作是思惟
我所見聞象馬等眾此是實有餘皆虛妄於
後更不審察思惟有智之人則不如是了於
幻本若見若聞作如是念如我所見象馬等
眾非是真實唯有幻事惑人眼目妄謂象等
及諸倉庫有名无實如我見聞不執為實後

幻非是真實唯有幻事惑人眼目妄謂爲等
及諸倉庫有名元實如我見聞不執爲實後
時思惟知其虛妄是故智者了一切法皆元
實體但隨世俗如見如聞表宣其事思惟諦
現則不如是復由假説顯實義故梵王愚癡
異生未得出世聖慧之眼未知一切諸法真
如不可説故是諸凡愚若見若聞行非行法
如是思惟便生執著謂以爲實於第一義不
能了知諸法真如是不可説是諸聖人若見
若聞行非行法隨其力能不生執著以爲實
有了知一切元實行法元實非行法但妄思
量行非行相唯有名字元有實體是諸聖人
隨世俗説爲欲令他知真實義如是梵王是
諸聖人以聖智見了法真如不可説故行非行
法亦復如是令他證知故説種種世俗名言
等爾時梵王問曰意寶光耀菩薩言有幾衆生

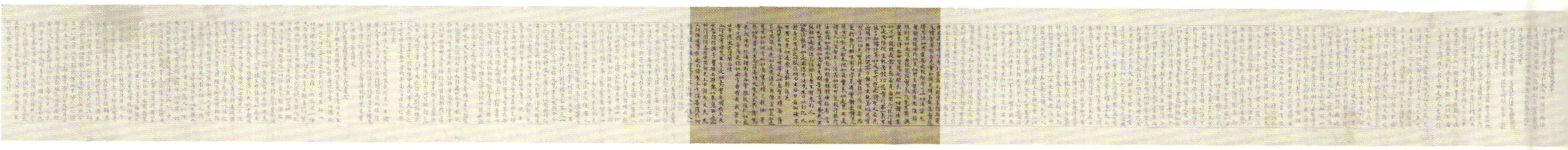

能能如是甚深正法若言梵王有衆幻人以
心數法能解如是甚深正法梵王曰此幻化人
體是非有此之心數從何而生答曰若知法界
不有不无如是衆生能解深義
尒時梵王白佛言世尊是如意寶光耀菩薩
不可思議通達如是甚深之義佛言如是如是
梵王如汝所言此如意寶光耀已教汝等
發心脩學无生忍法是時大梵天王與諸梵
衆從座而起偏袒右肩合掌恭敬頂礼如意
寶光耀菩薩足作如是言希有希有我等今
日幸遇大士得聞正法
尒時世尊告梵王言是如意寶光耀於未來
世當得作佛号寶燄吉祥藏如來應正遍知
明行圓滿善逝世間解无上士調御丈夫天
人師佛世尊說是品時有三千億菩薩於阿

人阿佛世尊說是品時有三千億菩薩修阿
耨多羅三藐三菩提得不退轉八千億天子
无量无數國王臣民遠塵離垢得法眼淨
尒時會中有五十億苾蒭行菩薩行欲退菩
提心聞如意寶光耀菩薩說是法時皆得堅
固不可思議滿足上願更復發起菩提之心
各自脫衣供養菩薩重發无上勝進之心作
如是願願令我等切德善根悉皆不退迴向
阿耨多羅三藐三菩提梵王是諸苾蒭依此
切德如說修行過九十大劫當得解悟出離
生死尒時世尊即為授記汝諸苾蒭過世阿
僧祇劫當得作佛劫名難勝光王國名无垢
光同時皆得阿耨多羅三藐三菩提皆同一
号名願莊嚴間飾王十号具足梵王是金光
明微妙經典若正聞持有大威力假使有人
於百千大劫行六波羅蜜无有方便更若有善

男子善女人書寫如是金光明經半月半月
專心讀誦是功德聚於前功德百分不及一
乃至算數譬喻所不能及梵王是故我今令
汝修學憶念受持為他廣說何以故我於往
昔行菩薩道時猶如勇士入於戰陣不惜身
命流通如是微妙經王受持讀誦為他解說
梵王譬如轉輪聖王若王在世七寶不滅王
若命終所有七寶自然滅盡梵王是金光明
微妙經王若現在世无上法寶悉皆不滅若
无是經隨處隱沒是故應當於此經王專心
聽聞受持讀誦為他解說勸令書寫行精進
波羅蜜不惜身命不憚疲勞功德中勝我諸
弟子應當如是精勤修學
尒時大梵天王與无量梵衆帝釋四王及諸藥
叉俱從座起偏袒右肩右膝著地合掌恭敬
而白佛言世尊我等皆願守護流通是金

BD01031　金光明最勝王經卷五

又復從座起偏袒右肩右膝著地合掌恭敬
而白佛言世尊我等皆願守護流通是金
光明微妙經典及說法師若有諸難我當除
遣令其衆善色力充足辯才无礙身意泰然
時會聽者皆受安樂所在國土若有飢饉惡
賊非人爲惱害者我等天衆皆爲擁護使其
人民安隱豐樂无諸枉橫皆是我等天衆之
力若有供養是經典者我等亦當恭敬供養
如佛不異
尒時佛告大梵天王及諸梵衆乃至四王諸
藥叉等善哉善哉汝等得聞甚深妙法復
能於此微妙經王發心擁護及持經者當獲无
邊殊勝之福速成无上正等菩提時梵王等
聞佛語已歡喜頂受
金光明最勝王經四天王觀察人天品第十一
尒時多聞天王持國天王增長天王廣目天王

俱從座起偏袒右肩右膝著地合掌向佛
佛足已白言世尊是金光明最勝王經一
切諸佛常念觀察一切菩薩之所恭敬一切
天龍常所供養及諸天衆常生歡喜一切護
世稱揚讚歎聲聞獨覺皆共受持悉能明照
諸天宮殿能與一切衆生殊勝安樂止息地獄
餓鬼傍生諸趣苦惱一切怖畏悉能除殄
所有怨敵尋即退散飢饉惡時能令豐稔疾
疫病苦皆令蠲愈一切災變百千苦惱咸悉
消滅世尊是金光明最勝王經能為如是安
隱利樂饒益我等唯願世尊於大衆中廣為
宣說我等四王并諸眷屬聞此甘露无上法
味氣力充實增益威光精進勇猛神通倍勝
世尊我等四王修行正法常說正法以法化
世我等令彼天龍藥叉健闥婆阿蘇羅揭路

BD01031　金光明最勝王經卷五

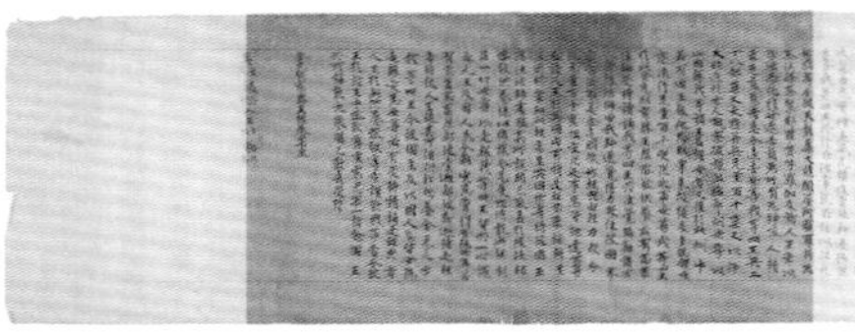

世我等令彼天龍藥叉健闥婆阿蘇羅揭路
荼俱槃荼緊那羅莫呼羅伽及諸人王常以
正法而化於世遮去諸惡所有鬼神吸人精
氣无慈悲者悉令遠去世尊我等四王與二
十八部藥叉大將并與无量百千藥叉以淨
天眼過於世人觀察擁護此贍部洲世尊以
此因緣我等諸王名護世者又復於此洲中
若有國王被他怨賊常來侵擾及多飢饉疾
疫流行无量百千災厄之事世尊我等四王
於此金光明最勝王經恭敬供養若有苾蒭
法師受持讀誦我等四王共往覺悟勸請其
人時彼法師由我神通覺悟力故往彼國界
廣宣流布是金光明微妙經典由經力故令
彼无量百千衰惱災厄之事悉皆除遣世尊
若諸人王於其國內有持是經苾蒭法師至
彼國時當知此經亦至其國世尊時彼國王

所作諸隨處所其正說隨已灌喜於彼法師
恭敬供養深心擁護令无憂惱演說此經利
益一切世尊以是緣我等四王皆共一心護
是人王及國人民令離災患常得安隱世尊若
有苾芻苾芻尼鄔波索迦鄔波斯迦持是經
者時彼人王隨其所須供給供養令无乏少
我等四王令彼國主及以國人悉皆安隱
遠離災患世尊若有受持讀誦是經典者
人王於此供養恭敬尊重讚歎我等當令彼
王於諸王中恭敬尊重最為第一諸餘國王
共所稱歎大衆聞已歡喜受持

金光明最勝王經卷第五

大盈覆許窟丁念任

奕 盈益
齅 許救
窒 丁結
稔 任甚

BD01031　金光明最勝王經卷五

BD01031v　金光明最勝王經卷五外題

BD01032 維摩經義記卷三

1169.5cm × 26.3cm

所
…二智正以能无㝵故能…
…相也一切菩薩法式悉知以下釋上
…法悉十方仏秘藏无不得入明上於諸仏秘藏下
正慧解仏地諸功德有蘊積之義曰藏下識一切菩薩法式悉知者菩薩威（則一切菩薩法）
儀軌則身口意化所為諸事盡能備練故言悉知也降伏衆魔者明除四魔也
遊戲神通者五通化物以適其志譬如遊戲也其惠方便皆已得度者第舉
二智以結於上也正由能備二智故能上解諸仏秘藏下練菩薩法式…一切魔
神通化物其惠者實惠也方便者方便智皆已窮達故云得…
仏體音辞彼正疾者莫一旬明奉旨正疾然之言尒雖尒備上來
難遠當謹承嘉命恭馳而去於是衆中諸菩薩以下第二大段明時衆…
所説慕樂随從文殊詣於方丈於是維摩詰心念以下是大段第三明
空室現疾以為論端此念猶是弟子品初念但重舉来耳又解云至此
更與（興）斯念上弟子初直為湯念感仏遣正今更發念尊在文殊欲来以
為論端也文殊師利欲来者明浄名懸知文殊為法利益故空室現病以為論
端也…以神力空其室内除去所有及諸侍者為欲除一切封衆執有之患准

置一牀以疾而臥云云四因疾以為論端仍使實疾菩薩出疾之心凡夫捷女
即以神力空其室内生下第一總乃除去所有生下二第晉現乃舍利弗
念食及諸侍者病人急要所須別提士來唯置一牀有無坐處生下借坐燈王
文殊見空室有主恩相領照已切空室現病以為論端因空空故生云五乃由
現病故後生後生六論也因室空第一乃為文殊乃言此室何以空此一乃是總
下四難明夫人室中應有資生及與所須居士此室何意空而無物淨名答
云諸佛國土一切皆空此即因事空以明性空以遣時人封執之心第二乃
言何無侍者仁者既有病應有侍者疾之人五三或一亦在側云何獨無侍
者淨名答云衆魔外道皆吾侍也夫為侍者恭已順命為義明諸魔
外道從我受化即為侍者又解侍者資益我義化衆魔外道功來歸
已即侍者義第三因室空故有不思議品舍利弗子念於牀坐淨名識其所求
廣廣說無求因斯借坐燈王應其所須因舍利弗歎臣細孔容即明諸佛
菩薩有不思議解脫為不思事下迦葉自慨絕分勸學發心三千万二
千天子發無上意也第四因室空故普現色身乃父母眷屬皆何所在答
云大士與世人異世人以生死父母眷屬有為法資生菩薩稟二諦為父母
一切諸功德為眷屬資生此即非常眷屬與世有異因廣廣權實二諦即

一切諸功德爲眷屬須生也即非常眷屬與世不異因廣權實二相即
明入不二法門因此五千菩薩得无生法忍也第五因室空故爲香積品
身子生念須食之時淨名識其結業生身不能无待現香積世界遣
化取飯於此利益遂使此土香飯以進道彼佛言教而受悟二國交利彼此俱
益此因室空故生此斯五也現病以爲論端生其六問第一因病故文殊致問居
士此疾何所因起夫人之疾必有所由爲因外而來内四大互不調適居士
是疾因何而起淨名後言菩薩大悲慜救含生故有病起第二問言其生
久如夫病非本有起有時節居士此疾生來久近淨名後答云從癡有愛則
我病生有衆生病以癡愛爲原菩薩疾以大悲爲本癡愛无窮悲心无盡
我識衆生癡愛以來則我病生第三問言當云何滅夫人有疾滅之有
方居士此疾當云何滅何時可差淨名答云以一切衆病是故我病若不而
病自己爲物故爲若衆生病盡我病則滅第四問言居士是疾爲何等相
世人之病四大互違風寒冷熱身體羸損皆有其相居士此病以何爲相淨
名答云我病體空身心亦空故无形可見但爲物應同衆生也第五問菩薩
云何慰諭有疾菩薩淨名答云説身无常不説厭離於身此説四

麗嗜無猶匹以化於世莫等二意善[illegible]
淨
攝心過慳令其歡喜第六問有疾菩薩云何調伏其心淨名答云有
疾菩薩應作是念今我此病皆從前世妄想而生當識假實從空
自調之行以無所受而受諸受以調他之行除衆生病之因果謂
之調伏之行下為八千天子發菩提心此為病因生於第六論上云維摩詰
文殊欲來故空其室現病以為論端今言文殊見淨名之意此明賓主懸
相領照也從維摩詰言善來文殊師利以下大段第四明於正論中別開
為五段第一從善來文殊以下說更不可見明就無常與論第二從且置
事以下說菩薩病與以大悲起明因病生論第三從居士此室何以空以下說
菩薩於諸見而不動明因空生論第四從文殊言居士所疾為何等相以下
說品明廣上第二因病生論第五不從思議品以下說香積品廣上第三
因空生論所以先明無常為於說法次第先說來去明無常次問病明善
後乃室明空也又解文殊乃意在問病但是淨名發言主人接客之禮賓至
主義則不可抑也善來文殊爲今日之來必為利益故言善來也不來
相而來爲未夫言去來背向為語按方丈望菴羅日來在菴羅望方丈
為去也就無常明無來去按相續得有來去就實法則無來去不來相為

爲去也既无實所无來去故相續得爲來去既實法則无來去不來相爲
實法之中菴羅文殊當體自謝无菴羅文殊來之相狠而來爲既相
續之道得言菴羅文殊向方丈也不見（相）所見爲實法之中菴羅文殊
當體自謝无爲菴羅文殊可見之相狠既假名相續言見於菴羅文
殊也文殊師利言如是居士以下此是賓主共相印可即成淨名之言若來
已更不來爲已之言竟假名相續得言文殊從菴羅來竟實法之中
更爲不來之義假實理殊何故云更匹既一人相續明爲來義故實法
沒爲不來之義故云更也去已更不去爲假名相續得言文殊向方丈去
實法之中更有不去之義所以爲何爲重釋其義所以說云爲來爲去
所沒言无來无去爲何釋云來爲无所從來既相續得言文殊從菴羅
來向方丈去實法理中方丈文殊一念自起故无所從來也去爲无所至
者既相續中向方丈去實法之中菴羅文殊當體自謝不至方丈故云去
有无所至也所可見爲更不可見爲向爲所見文殊實法之中當體自謝更
无菴羅文殊可見也且置是第居士以下因病生論且置是事居士爲本
奉旨問疾醒旨未申忽生餘論非是陳如來之意且置向來去之論此疾寧
可忍不以下有三問專問疾[illegible]

可思不者此以病之轉重可甚既以不病何久抄久以何救
不也不至增于亦問此病无乃增劇也世尊慇懃致問无量亦如來致情如山
如海仏三問何意始終不答始不答亦傳使之人來去故始不答見仏應答
所以不答乎揔大衆諸仏現起疾之本豈容答病中之言故終无不答
居士所疾何所因起以下是因病生六問弟一問病疾之起死為所由為因本
緣而来由内四大不調居士所疾因何而起其生久如亦是弟二問病非本亦
起有時節生來久近當亦何歲有是弟三問病有差期更逕幾時可得滅
除從癡有愛則我病生者答上弟二問其生久亦（所以不答第三者）答弟一問以悲是病之
因答弟二問癡愛是外擽感之緣明病生由物非是自病哀情存為物不
在於己故先答弟二問衆生病以癡愛為原菩薩病由悲大為本衆生癡
愛无窮菩薩大悲无盡從我識衆生癡愛以來故起悲心現同
其病也有又解癡亦惑之都名有亦業之揔稱愛亦潤生
之禮本人問身病答以癡愛亦良由心病衆生感我身病故現
身病療彼心病故揔癡愛為言癡愛无始我病无初病來久也
以一切衆生病是故我病以下記辭答上弟三問滅方法之以一切衆生病
是故我病亦菩薩本自无病正以衆生之病故我應病上直

是故我病云菩薩本自无病正以衆生之病故我應病上直
云從癡有愛則我病生今指生懷癡愛之人衆生是也即答
第二問將欲論滅先明得病事由衆生若衆生病滅則我病
滅云若衆生病滅則我病亦滅也衆生病有終我病則窮衆
生病无終故我病无窮所以云何得於上義所以衆生病滅菩薩之滅云
何今云正以菩薩為衆生故現入生死既入生死故有病若衆生得除
病菩薩則不復現病若衆生不免於病菩薩終日現病也譬如長者亦辟
菩薩也唯有一子者喻衆生猶如一子則情濃多子則情淺故以一子為
喻也其子得病父母亦病者子若有病父母慈念心懷憂結故云亦
病以喻衆生既有病菩薩慈悲意同有病也若子病愈父母亦愈者明
子病既除父母憂亦除故言亦愈菩薩如是合喻如文可也所以作一子譬
成上答第三問生下答第一問菩薩登一子地故能成就大悲大言
是病何所因起菩薩病者以大悲起此答上第一問正以內懷悲
心慇救衆生而現有病也 此室以何空以不因實空問也明
空无實待者空從實空而生來遠由獻蓋而來上寶積獻蓋如來合之現於淨土時衆
見現因生清淨并有教衆對清夫蓋文予祖因土生空待

古麁鄙以除其慢若爲命使應創初先問何故在此方顯但于
殊奉命問疾原意未申不得爲前而明此其爾者何不問疾竟坐
後而明但說調伏之後有人得道若不先除此執則妨於覺悟故
不得爲後說上文殊既已略傳佛命復得自爲二問如來意旨申
次明菩薩後說慰喻調伏於彰獲利也國土詩者俱是除執
何故國土說空除彼執著而侍者乃云衆魔外道皆其徵翼解
意既說國土空無明切侍者衆魔外空若以外道衆魔麁鄙代
彼情妙明知之得以擬代具淨國位至學一邊二處皆淨也又解何
意先明國土空後明病相慰喻調伏病空外甚易遣內難除事須
先外後內自易至難故先因外事明國土空後因內病明傚實空也此室
何以空者因空生第一問夫人室內皆有資生什物所須之具居士此
室何意空無諸物耶無侍者侍者是因空生第二問夫人爲病皆
爲侍衛五三僕使一兩居士何意都無侍疾之人也諸佛國土亦復
皆空以下答第一室空之問答意云豈直室中空一切諸佛國土
從今以來恒自空身何須問於室中空也此意在性空但言中未彰
也又問以何爲空者今問室中無物之空云何言諸佛國土一切皆空

也又問以何為空云本問室中无物之空云何言諸佛國土一切皆空
今眼見此諸佛國土是有以何為空同室中无物故空更有義亦空也
答曰以空空云以諸佛國土從本以來體是性空故說為空也又問空
何用空云若諸佛國土本來性空有物无物斯皆是空何用除
去諸物空其室內答曰以无分別空云了良由衆生分別万法以為实
為令為无去衆生所分別前境使空故室此室內以為論端也又
問空可分別耶空本无物无物之中所何分別答曰分別亦空
者分別立〔在〕於妄情衆生唯作分別為有而從本以來恒是空也又解空
可分別耶空中可有能分別心分別亦空能分別心亦空又問空當於
何求者上明所分別空從此以下明能分別心亦是空也能分別不生三
受六十二見是我中之鄙諸佛解脫妙極之終中间不生衆生心了又
問空當於何求者已知上所所分別空今何處更復求空答曰當於六十二見
推求諸空也又問六十二見當於何求者已知六十二見體空當於何處復求
空答曰於諸佛解脫中推求諸佛解脫體空問諸佛解脫當於何求云
已知諸佛解脫體空當於何處更復求空答曰當於衆生心行中推求
衆生心行體空也又一解當…六十二見中…

空皆拒對遣患……取正于對待……遣正六十二見乃是邪見之重也
空之名是稱涅正解乃照空正名當於何求答曰當於六十二見中求又
所邪中无正第一義諦无有稱涅正皆爾如邪中求正不可得也又乃六二
十見當於何求答曰當於諸仏解脫中求是第二句解縛相對借解
以遣縛如來或累患盡解脫之極六十二見邪或之重而於理中无縛也
如解脫中求六十二見不可得也又乃諸仏解脫當於何求答曰當於衆
生心行中求學无學相對借學遣於无學以學居宗之極无學之
地金對以還覆及六道未免於或在於學地所理中无解脫爾如衆生心行
中求於解脫不可得也即是學中无學此所以不復更還衆生心行
者邪見是或中之重解脫是勝世之極舉此兩處中間可知可
聆情即解故不復更遣也又仁所乃何无侍者以下答上第二問夫人為
疾應有侍疾五三僮僕一而居士云何都无侍疾之人答云衆魔外
道皆吾侍者夫侍者之為義供己順命爲義衆魔外道從我變化所
有供己順命之義故為侍也又一解夫侍者資益於我今明菩薩化
天魔外道功來歸己資益我義故爲侍者衆魔樂生死者衆魔
常在生死菩薩亦在生死化之而不捨外道樂諸見外道處邪見
菩薩亦同其法以教化之故在邪見而不動也又解衆魔樂著五欲不

菩薩亦同其法以教化之故在邪見亦不動也又解衆魔樂著五欲不
求生世縶屬生死菩薩觀生死體空即涅槃故處生死行化不捨也
外道雖求生世執著己道縶屬邪見菩薩於邪見體空即是正見
故能處邪不動壞邪見從文殊問維摩詰言居士所疾為何等相
第八是問病生起四問所疾為何等相有問其病於世人之病四大
五違身體羸損相狠不同居士此病以何為於空室前三問直明
法身无病為物現病下三問明生除病之方法假名實法解即是藥體
既除心病形病自盡就中開為三第一明身心體空无為此病與之共合答
曰我病无形不可見乃正明己病體空故无形狀可見也又問此病身合
耶上既云病體性空无狀可見但事中未顯似若有一不可見病與身
心共合故問云病不過身之與心身則苦器心為覺苦今為是病為與
心合耶答曰非身合(身)於離故乃離猶空也身於骸空无此病可與身
合尔非心合心如幻故乃心體空尔无此病與心共合身亦衰弊於外
故言相離心亦馳動无方故言如幻也第二又問地大水大既尔復如是
問都推其病以四大為亦四大體空所以无病地水火風於此四大何大
之病[illegible]

若即无病非地大者即地大雖无病也俗人計病与地一體不離
地大者離地大之外尒没无病也衛世師人計異離地大外有病此明
即離俱无水火風等具義顯然又一解是病非地亦非即地大有病也
尒不離地大者亦不離地大之外在色香味觸中也第三明衆生病名
用有中病皆由四大起以在病故是故我病亦衆生名用有中病從四大
起是故我今同其病也從文殊師利問言云何慰喩有疾菩薩衆說
菩薩如是慰喩有疾菩薩令其歡喜是回病生第四五問明慰喩也
若拙於問事令病者憂惱更生退墮若巧於問事令病者歡喜更增
其道文殊既承佛問疾慰喩之辭理生其言何故反請維摩解有二
意一者大士在病多招勝人慰問數受謂者之言必善解慰喩之方故
反問之又一意謂淨名實病故來共相安慰令言病非自為為物故尒若
是无病而能現病尒應善巧說慰喩之方故反問之耳若初地以上不徵
慰喩但住下習種性行之流不能在病化物恐退墮二乘故須慰喩以安之
喩以曉進之安則除憂問於實患進則曉喩習方便智安則不同凡
夫進則不同二乘凡夫保執常樂我淨則无實患故令始行之流安心
於理悟學真智二乘悟无常苦便欲厭身絕化无方便智令其進習方

於理悟學實習二乘悟无常苦便欲厭身絕化（於道）无方便習令真進習方
便皆說慰喻中開為三段第一說身无常執畢竟寂滅說四法以明慰喻
也說身无常不說厭離於身為凡夫保身是常不識无常二乘之
人觀（身）无常而生厭離明菩薩切身无常不同凡夫計身是常教化
眾生不同二乘厭離於身也說身有苦不說樂於涅槃為凡夫計身
有樂不能識苦二乘之人切身是苦而厭苦樂於涅槃當說身為苦
莫同凡夫計身是樂二乘觀身（有）苦厭苦求涅槃莫同二乘樂於涅槃說
身无常我而教導眾生者凡夫計身為我不識无（我）二乘觀於无絕
其化道菩薩觀身无我不同凡夫計身為我而為中教化眾生不
同二乘絕於化導也說身空寂不說畢竟寂滅者凡夫計身是為不識
身空二乘觀空證空而住明菩薩觀身空寂不同凡夫計身是為
而在有化物不同二乘證空而住也第二從說悔先罪以下訖當作
醫王療治眾病明說四正懃明慰喻前說四法令其莫退墮二乘今
說正懃為斷除二惡生於二善當得免病也說悔先罪而不說入
於過去明已生之惡方便令斷過去所為之罪應悔之令滅若有這罪
……以己之疾愍於彼

疾亦付己方物以我現疾廣告若此說於衆生是於我故宜慰[illegible]
衆生之病也明菩薩行四正懃亦不自為兼物故說一事竟以化物結句
下之三句皆爾初是也當識宿世無數劫善亦明惠法未生方便令生
無數劫善皆由煩惱惡業所招今不復造惡則未來無善此舉過去
以況未來也當念饒益一切衆生亦爾以化物結句明菩薩所行此
恒為饒益衆生也憶所修福念於淨命亦善法已生方便令增廣
憶過去所修善福現在行於淨命善法增廣也勿生憂惱亦爾
是結句明菩薩增廣善法而以化物不以病苦而起憂惱之心也常
起精進者此明善法未生方便令生常應翹懃自勵生於善法
當作醫王療治衆病亦爾以化物明菩薩自生善復當為世醫王療治
衆生煩惱之病也菩薩應如是以下第三段舉勸結上二段大門之流
應如上來四法正懃慰喻始行菩薩得修善法係心適悅令其增慨也
文殊言居士有疾菩薩云何調伏其心說品是因病生第六門明於調
伏上慰喻據外人安慰其病之亦今彰在病在心十上雖明慰喻始行
之流由自未能事須為說調伏心若不調攀緣諸境無惡不造於生
死長夜無以自拔事須以理調伏其心令調伏亦明在病菩薩自調量

死長夜元以自拔事須以理調伏吾心令調伏乃明吾病菩薩自調量
證中欲作差病之意心得永靡曰調倫怗曰伏就中自調調他即開為二
段第一從初說空病尔空明於自調第二從彼有疾菩薩元以所受以
下明調他之行也就自調中開為三段第一從如我此病皆從前世妄
說起時不言我起滅時不言我滅明衆生空即遣假名我出無宰矣
法破假名也第二從彼有疾菩薩為滅法相以下說如此二法元決定性
明五陰空以破實法也第三得是平等說空病尔空上明萬法證空我情執
有此空故以空遣空也就第一衆生空中復開為四句第一句從今我此病說
身之元我明元受病之人證空皆從前世妄想顛倒諸煩惱生乃令解皆
據行陰妄想乃法今非有妄想生實想也顛倒亦非我計我也煩惱亦近
由妄想顛倒廣造煩惱諸惡今既不實豈有實病元有實法明元病證
誰受病者正以病證空故元受病之人所以者何以下釋上元受病人所以元
實受病人者何釋云四大合故所以為身四大既元別主亦元有神我故元
受病之人也第二句從有此病起皆由著我說即除我想及衆生想勸
除病因今身有病皆由過去妄想執我欲除來病今應去我又此病
豈皆由著我是故今我不應生著者是病由計我而生若不復計我

則於治病是故於彼我不應生著也明一切病本下除我想亦除諸我
之心是病本故從除計我想也及眾生想亦我見所除十六知見同遣故
言及眾生想略言一耳眾生与我一體義異計有神我處處受生故曰
眾生第三句當起法想就滅唯法滅此舉實法離无之实眾生當
起法想亦明當起五陰實法之想應作是念但以眾法合成此身亦第
也單以五陰眾法合成此身故无別實眾生起唯法起滅唯法滅但見五
陰起滅无实眾生也第四句又此法者各不言我滅破即陰我上明衛世
師計離陰我僧佉人計即陰我犢子道人計不即不離和合中我已
俱遣竟但人情執即陰上計我難除故重遣之又此法者各不相
知者明我能覺知若即陰有我便應自知知他又知知之義而識不知
受受不知識故知无我也起時不言我起滅時不言我滅者若是有我
便應自知我之起滅而識等起滅之時不言我起我滅故知无有神我
也又解我本自在起滅自由生滅迭興起滅不自由故知无我從有疾菩
薩為滅法想以下第二段明實法空就中開為三句第一為滅法想說我
應離之明勸離計實之心為滅法想亦為欲滅計實法之想也此法
想者亦是顛倒亦實无五陰而計為有此計有之心亦是顛倒也顛倒

想者亦是顛倒。亦實無五陰而計為有，此計為之心亦是顛倒也。顛倒
者是則大患，由顛倒之心，未來能得大患之果。因中說果名，故云大患。
又解此顛倒之惑，亦云是過患也。我應離之者，此既是患，故須遠離。
也。第二句云何名離？謂不念內外諸法，一一於平等明離之方法。云何
許法而言離之？謂離我我所者，應當除計我我所之心。我所即
是五陰。此明致所以言我者，無体我來出於我所。云何離我所者？云何
方法得離於我所也。謂離二法者，內外五陰也。云何離二法者？上直云
離二法，今正生二法之體，謂不念內外諸法。諸法者，自身五陰為內，他身五陰為外
也。行於平等者，內外既空，非平等如何。第三句從云何平等訖如此二法無
彼之性。此舉內外五陰，類万法體空也。云何平等者，直以內外五陰空，故而
云平等。更有餘法平等也，謂我等也，謂我等涅槃等者，明一切法悉皆體
空，但舉上齊下中間一切，無不是空也。所以者何以下，釋我與涅槃平等之
意。我是計惑之鄙，涅槃是妙極之終，勝負理殊，所以得等者，何我及涅
槃，此二皆空者，正以空故平等也。緒以何為空者，當是有緣合其空為當
從本無性而言空也。但以名字故空者，正以性空，但名但字，故云是空，非

得是平等以下第三段以空遣空也得是平等无有餘病唯有空病空病亦
得衆生五陰假實之空一切平等更无餘病唯有一病所謂空病空亦非
病人情計有此空能生於病以病為說空病亦空者空體治空故言
空病亦空也從有疾菩薩以无所受以下調伏中第二段調伏他行上
攝自利調伏此說外化所調他行即是自調將化他行即成菩薩利
也就中開為五段第一從是有疾菩薩以无所受以下說如是棄除
先病化菩薩之頭也所化衆生除病因病果也第二從彼有疾菩
薩復作是念以下說方便生是菩薩解所令捨著相之悲求於
无緣大悲也第三從又无方便慧縛以下說有疾菩薩應如是觀諸
法所勸捨空有造觀求二智雙照也第四從又復觀身无常以下說設身
有病而不永滅是名方便明與尋慰喻調伏中自行外化各兩句攝生二惠
也第五從文殊師利菩薩應如是調伏以下說明大士修於越躍中道行
之可以化物也就第一段除病因病果中開為三句第一從是為有疾菩薩說但
除其病而不除法將所欲除衆生病之因果興為化之意以无所受而受諸
受下既得假實之空病因永斷不復受於病身但為化物故而受病身也
未具佛法亦不滅受而取證者二乘未成佛滅於受身取證涅槃所大士

未具佛法尔不滅受而取證者二亦未成佛滅於受身取證涅槃明大士
未成佛中間終不滅身取證涅槃也設身有苦念六趣衆生起大悲心者
假設未免病身由有病苦應當舊苦化物念於六趣起大悲之心也我既調
伏尔應調伏一切衆生者我既无復病而所以受身未免病身籍病身化
物者明我既自得調伏故尔須調伏一切衆生故與此意但除其病不
除法者前法是无妄計爲有但除衆生妄計之病而无法可除也第二句爲斷病
本下說謂内見外見是无所見得明除衆生病因爲斷病本故教導衆生何謂
病本謂有攀緣者正出其病本攀緣諸境妄相覆起諸惑由斯成病即爲病
本也何所攀緣謂之三界者是所攀緣之境謂之三界一切万法也云何斷攀緣者
明除病因方法云何方法斷於攀緣以无所得者不見前境可得也何謂是无所得
者謂内見者自身五陰也外見者他身五陰也此明二見要是无所得之境又解我
爲内見我所爲外見乃至見性及所見之変此二俱空无境可得故攀緣心自息故云
是无所得也文殊師利是有爲病菩薩調伏其心者此明結上除病因兩下除病果也第
三句爲斷先病死苦以下說菩薩之謂也明除病果爲斷先死者即是病果若通和
解義无住非病生先病死都是病若別和解義唯取風寒冷熱爲病今是通
用[illegible]菩薩[illegible]是[illegible]菩薩之道[illegible]
菩提

不如是也而衆[illegible]

譬如勝怨乃可爲勇，亦與菩薩爲譬。世間勝怨能自因己怨敵，復能與他
雜怨，乃稱勇士。明菩薩若能有兼除義，方稱佛法中勇健。其種勝怨也。
彼有疾菩薩應復作是念以下，第二段勸捨著和之悲。既爲衆生除病
因病果，若悲著和則生疲患，化物不普教，故求無緣大悲也。任前爲著
相，住上爲無相。就中開爲三子句。第一從如我此病以下，說若起愛見大悲
即應捨離，直明勸捨愛見之悲，求無緣大悲。如我此病非真非有，衆生病
非真實亦非有，不可以斷除衆生病亦非真非有，明衆生病證亦非真實
之有。亦以己病虛故，所以可撥衆生病。若真實性有，則不可度，便生退轉，
悲心何由而起。亦以衆生病非真實性有，則可化度，發弘誓願，起兼濟
之道。作是觀時，於諸衆生若起愛見大悲即應捨離者，明若作是非真
非有觀時，若起悲俠愛則有疲急，即應捨離。第二句所以者何說不
爲愛見之所覆也，此釋上應捨愛見求無緣之意也。所以者何所以起
愛見悲應捨離者何？釋者愛見之悲於生死之疲厭心，既有厭倦，
化物不普，故宜捨之。煩惱處在理外稱爲客，亦可必爲縚惠所遣故
名爲客也。又一解凡夫之時所起煩惱名之爲舊，善心中發佛菩提決

云名也又一解凡夫之時所起煩惱名之為舊善心中愛仏愛菩提決
愛行悲名为客也愛見悲者則於生死有厭猒之心名為行悲使愛
則存怨親不能普代若能離此不为愛見之所覆者必初地以上得理之
解起无緣大悲絕於着相故不為愛見所覆生死難處不覺為遠衆生
无邊不覺見為勞故不為愛見之所覆也第三句云以无縛以下說是菩薩
解從此已下勸捨着相之禪未於理中之静也所以來慈悲之行勸之而興
正由循禪着故起悲使愛若得理中之静則能无緣代物故次明之所生无
縛能為衆生說法解縛云明發觀化物要先離其化今自无有縛能解之
之縛如仏所說若自有縛能解彼縛无有是處判仏說為證也何謂縛何謂
解以下明縛解謂貪着禪味是菩薩縛云貪着禪定隨禪受生不得自
在故名為縛以方便生是菩薩解明既得理中之定故能自在應化所生不為生
死之縛從又无方便慧縛以下第三段上明勸捨着之悲今勸捨有无迭觀
求於有无雙照即是資蕳兩明縛解雙釋若有中无勝行則空觀不明
若空中无勝蕳則有行不成夫生死所以流轉以迷惑為宗反流盡原以解悟
為首迷則凡情惑識流宕悟則靈解在懷悟之有由必藉真俗二諦之授

智從境爲因欲明二智別遂其義便一從前境一據內辨功用宜分齊境辨
之實智能知其中差別万品并涉有爲行遂其功能制方便智法者亦
類雖人遂義便制名不同一歎前境（一歎內智）其由法慧二眼歎境得名慧眼歎
內辨爲稱不可一類也次明四句爲章門下皆別釋住前唯伏煩惱故有无
跌觀初地以上既得无漏能（永）斷煩惱故（能）有无雙觀又一解七地以還雖能雙
觀智力猶弱故有出入之異名爲跌觀八地以上念念常歡二境俱緣故名
雙觀也又无方便慧縛者此明在其中起於著名之悲无其勝行資於觀空
空觀不明故亦能即空知有慧偏局在空中故慧縛有方便慧解者備
於无緣大悲故有勝行資於空觀故能即空知其慧不偏局在空故稱慧
解无慧方便縛者斷煩惱未盡空觀不明則无勝熏以熏於有故不能
即有入空故方便智偏局在於有故稱方便縛也有慧方便解者斷於
煩惱故有勝熏熏於有智所以即有而能知空方便智不偏局在（有）故云方便解
何謂无方便慧縛以下釋上四章門就釋中各有三句第一先標章門第二釋縛
解之義第三結於縛解何謂无方便慧縛者此是第一章門來第二句釋謂
菩薩愛見心莊嚴佛土成就衆生者此釋无方便於空无作和无作法中而
自調伏者釋上慧縛第三句結縛辨是名无方便者結上以愛見心莊嚴

自調伏之釋上慧縛第三句結縛結是名無方便者結上以愛見心莊嚴
成就衆生也慧縛之結於空無相而自調伏也何謂有方便慧解釋第二
章乃謂不以愛見心莊嚴佛土成就衆生之此釋有方便於空無相無作法中
以自調伏而不疲厭者釋於慧解是名有方便之結不以愛見莊嚴成就
衆生慧解者結於空無相而不疲厭也何謂無慧方便縛以下釋上第三章
乃謂菩薩住貪欲瞋恚等諸煩惱之釋於無慧而殖衆德本者釋上方
便縛也是名無慧之結住貪欲諸煩惱也方便縛之結而殖衆德本也何謂
有慧方便解以下釋上第四章明離貪欲等諸煩惱之釋於有慧殖衆德
本迴向菩提者釋方便解是名有慧者結離貪欲即見等煩惱也方
便解之結而殖德本迴向菩提也應以是觀諸法之結上句也又復觀身
無常以下是第四段舉慰喻中三句調伏中二句欄出二慧上雖明實智方
便智未識其體今故指出二慧又復觀身無常苦空非我是名爲慧之此舉慰、
喻中四法即是實智體也設身有苦常在生死饒益一切而不疲惓是名方便
之舉慰喻中當念饒益一切衆生即是方便智體又復觀身身不離病病不離
身以下此舉調伏中自調之行如我此病皆從前世以不觀身病體無假實等空

故病不離身也是病是身非新非故又如下言病在身是為新身有為說

之故亦不見病始起為新身在先為故也說身有苦而不永滅是名方便又

此舉調他之行說身有病令六趣衆生起大悲心即方便智斡從文殊師

利有疾菩薩以下第五段超凡越聖中道之行踏上四段明大士若不

備有此行則不能化及一切正以超凡故能在生死化物无惓越聖故不永

證涅槃也應如是調伏其心者踏上而下應如上來之行調伏其心即踏

上之義亦得六應如是調伏其心不住其中亦復不住不調伏中即是

而下之義也夫不解而住則不能不而住正以而解住故則能不而住也不

住其中者不偏住調伏心亦復不住不調伏心者不得偏住不調伏心也所以

者何以下釋不得偏住之意所以不得偏住調伏者何若住不調伏則是

愚人之法若一向住於調伏便是聲聞之法是故菩薩不當住於調伏不調

伏心是住調伏則同二乘住不調伏則同凡夫故菩薩不應偏住調伏不

調伏也離此二法是菩薩行者離此凡聖二法則是大士中道之行也曰下諸

句或單越聲聞或直越凡夫在於生死不為污行住於涅槃不永滅度者凡

夫墮於污行故在生死二乘斷於污行則證涅槃今明大士現受生死不同凡

夫遠於污行雖斷污行不同二乘永入滅度也非凡夫行非賢聖行者今明凡

夫造於汙行雖斷汙行不同二乘永入滅度也非凡夫行非賢聖行者令明凡
聖二人阿誰在生死為汙行凡夫阿誰在涅槃永滅度聲聞非垢非淨者上
明凡聖二人今明凡聖二法凡夫造惑是垢二乘无漏是淨正以垢故是凡淨
故為聖雖過魔行等四句偏越二乘之人雖則超魔境而不能現除眾魔
欲明大士已過魔境而能現受生死降伏眾魔也求一切智无非時求者二
乘未成佛證果菩薩求一切智未成佛中間不證果位雖觀諸法不生而不入
正位者二乘觀万法平等无生而入涅槃菩薩雖觀万法无生而不入
涅槃正位也雖觀十二因緣而入諸邪見者二乘觀因緣證空斷五邪見
明諸菩薩雖觀因緣而能起邪化物也雖攝一切而不愛著者超凡夫欲
明凡夫攝部曲眷屬多愛著心菩薩雖復攝化眾生而內无貪著也雖
樂遠離不而依身心盡者二乘身遠憒鬧心離煩惱依身心滅盡菩薩
雖形離憒鬧心離煩惱而不證滅盡雖行三界而不壞法性者凡夫行
三界乖於法性二乘不壞法性則不能示行三界菩薩亦示行三界不
同二乘而未曾壞法性空理不同凡夫雖則於空而殖眾德本者
二乘觀空則不能在有菩薩雖觀空理而能處有殖眾德本也雖
[illegible]凡因[illegible]眾生[illegible]二乘[illegible]凡因空理而不能存有也[illegible]菩薩雖觀

无相之理而能入有化度衆生此雖行无住而須受身去二乘觀位業
體空不能現身〻化菩薩雖觀位業體空而亦受身以化衆生此雖〻
无起一切善行去二乘觀於无起而不能行善菩薩雖觀无起空理〻
而能有中循行善行此雖行六波羅蜜而遍知衆生心〻數法去二亦
之人行第六般波羅蜜雖觀空不能在有知衆生心數菩薩〻於波
羅蜜觀空照有能知衆生心數之法此雖行六通而不盡漏者二亦證
於第六漏盡取於諸盡涅槃菩薩雖〻第六漏盡通而能起漏化物亦
證涅槃此雖行四无量而不貪著生於梵世者徧越凡夫凡夫之人循四无
量用梵天道菩薩雖行四等化物非是貪生梵天此雖行禪定能脫解
三昧而不隨禪生者超越凡夫凡夫之人循於三昧〻隨禪受生菩薩雖循
禪定自在所生不隨定業受生此雖行四念處而不離身受心法以下
徧越聲聞二乘之人循四念處捨身受心法證取涅槃菩薩雖循四念
處而在有隨化不捨身受心法雖行四正懃而不捨身心精進去二亦
之人行四正懃證於涅槃捨身受〻心精進菩薩雖行正懃而翹懃自廬
不捨精進雖行四如意足而得自在神通者二乘行四如意定求悕〻
頂忍中定菩薩雖行如意足而現无方便〻神通化物自在此雖〻五

須忍中定菩薩雖行如意足而現无方便神通化物自在也雖行五
根而分別眾生諸根利鈍者二乘行於五根唯知己根菩薩行於五根則能
分別眾生諸根利鈍也雖行五力而樂求仏十力者二乘行五力求入見諦
道菩薩雖行五力求仏力也雖行七覺分而分別仏之智惠者二乘循七
覺求羅漢果菩薩雖行七覺而求仏之智惠也雖行八正道而樂求无
量仏道者二乘行八正正限於八菩薩雖行八正而仰循无量正道也雖行
止觀助道之法而不畢竟隨於寂滅者正者定觀名惠法二助道之勝
法菩薩因之而行不隨之入於涅槃雖行諸法不生不滅而以相好莊嚴其
身者二乘觀諸法緣空不能在有中現相好菩薩雖觀万法緣空而能
在有相好嚴身也雖現聲聞辟支仏威儀而不捨仏法者二乘現小乘威
儀而乖大乘之法菩薩雖現二乘而未嘗乖於仏法威儀也雖隨諸法究
竟淨相而隨所應為現其身者二乘之人觀万法究竟空寂不能
在有現身菩薩雖觀諸法畢竟緣空而能豫有隨感現身雖觀諸仏
國土永寂如空而現種種清淨仏土者二乘觀國土寂滅如空不能示現清
淨之土菩薩雖觀國土空寂而能在有應現國土種種清淨雖現得仏
[illegible]

現成仏説法[illegible]菩薩自現上来[illegible]是内德[illegible]十地之一也

不思議品第六　此品因空室生五第三乃正由室中空无牀坐身子生念

斯諸菩薩當於何坐於是淨名識其有求下廣明无求即時有五百天

子得法眼淨遂尒借坐登王應具所須三万二千高廣之坐入於方丈臣

细相容身子致歎因斯廣辨諸仏菩薩有不思議獨能為不思議事、

就此一品廣明不思議事故因此品謂不思議品就法品中開為六段第一

說當於何坐明身子念於林坐即為取坐之端第二從長者維摩詰

知其意以下說說是語時五百天子得法眼淨明識舍利弗有求

廣明无求第三從尒時長者維摩問文殊師利仁者遊於无量以下說

新發意菩薩及大弟子即為須弥登王如来作禮便得坐師子坐明

借坐燈王應具所須第四從舍利言居士未曾有也以下說若我廣說窮

劫不盡明因身子致難歎廣明諸仏菩薩有解脫智能為不思議事

第五從是時大迦葉聞說菩薩不思議解脫法門歎未曾有以下說三

万二千天子發菩提心明迦葉自慨絕分勸新學發心下諸天子、

發菩提心第六從尒時維摩詰大迦葉十方世界中作魔王者以下說品此淨

名述成迦葉上言兼安慰新學之意尒時舍利弗作是念以下第一段

為迷成迦葉上言兼安慰新學之意尒時舍利弗住是念以下第一段
正以室空无坐故生嫌念由有此念即与淨名所坐為端雖摩知其意
以下第二段識其有求廣明无求就中有三段第一段從為法來耶以下
明夫為法乃至亡身致命況求床坐以安身也第二從非有色受也〃識
以下明諸相理中无一物可得況有床〃以安身第三從是法名无染以下時人
利益悟道仁者為法來耶求床坐也者將到何處而求好先致問
仁者本意來時為法而來為求床坐也舍利弗言我為法來非為
床坐者我今為法非為床坐但身安則心靜聽法明易悟事須安
身〃以是義故所〃以念床坐也夫求法者有不貪軀命何況床坐者正
識其所求也夫欲為法者能亡身致命況求床坐以自安身也又
解夫求法者不見軀命可貪而況有床坐可求安身也夫求法
者非有色受以下說是求有為非求法也法是第二廣明法相理
中无一物可求就中有五段求法不可得即為五章以非有
色受也〃識之求者此第一推五陰無實可得也非有界入之
求者第二法推求十八界十二入不可得也非有色界色无色之求
有者第三明推三界不可得也不著佛求者是第四

句如惟求三寶不可得也夫求法者无見苦求斷集盡證
求法也此是第五如惟求四諦不可得法相理中无於四諦若
有苦集滅道不當法相其猶戲論也從法名寂滅以下法者釋上五陰
法相理中五陰聚實常自寂滅若計五陰是生滅法者則行生滅之
法非真求之聚也法名无染者釋上十八界法相理中不見内外六根
外有六塵中間六識生人染著若謂生人染著者則染著之川
非是真求法之聚涅槃是法界所攝故言乃至涅槃也法无川
處者釋上十二入々々之言處法相理中不見十二入是識之川處若
謂言如處可川是求川處非是真求法之聚也法无取捨者釋
上三界法相理中不見三界々々中有善法可取惡法可捨若川
取捨是則求於取捨非真求法之聚也法无處所者釋上三々
寶法相理中不見三寶是生福處所若存三寶是生福處所是
則求於處所非真求法之聚也法名无相以下釋上四諦法名
无相釋上苦諦人謂苦是逼惱之相法相理中不見苦是逼惱之
相若存苦是逼惱是則取相非真求法之聚也法不可住者釋上
滅諦人謂滅諦无為可住法相理中不見滅諦可住若見滅諦是住是

滅諦人謂滅諦無為可住法於理中不見滅諦可住若見滅諦是住是
則未於住法非真求法之解也法不可見聞覺知者釋上色諦是
智惠覺一切〻性法相理中不見道是見所覺知若謂道是見所
覺知是則未於見聞覺知非真求法之攝也法名無為者釋上集〻
諦人諦謂集是乃為能感生死而法於理中不見集諦是乃為若謂
集是有為是則未於乃為非真求法之解也是故者是上來法於理
中無可求故於一切法都無所求也說是法時五百天子得法眼淨者
以下第三明廣說無求能乃利益時人隨道爾時長者維摩詰問
文殊利師以下第三大段明為取坐登王應其所須也維摩問文
殊何等仏土有好上妙師子之坐者顯明大士隱顯互彰其位文
殊一切妙好坐處淨名現其神力師子之坐儼然而至也又彌借
悉容安廣容所以同者為欲任容置坐隨意能得也新發意菩薩
及大弟子神力劣弱要假如來威力始能登王然後得坐從舍利
弗言居士未曾有也以下第四大段明因身子致禮歎處明諸仏菩
薩有不思議智能為不思議事唯舍利弗請何菩薩有解脫智
□不可思議者也……

則不求於有亦不求无隨指得稱曰解脫也以須弥入介
子中不明菩薩解脫之稱能為无方不思議之事或苞山納藪吸
風藏火變聲改覽從長演短此皆自在之迹也須彌是地之精即
為地大海水即是水大吸風即是風大火常內腹中即是火大所
以就四大者為破外惑或者計四大為神名為四大是常以為大之極
令剎以道力明其无神也內於介子巨細相容物无定體明其非
常大能入小故非大此則先遣其計對破其幽執方令得入道處
示一切而不動本處者明菩薩能以國界遍示於十方而菩薩常
在一處故言不動本處十方世界所有衆聲皆變之者上種種形者
於色中轉變（今言變）今於聲中轉變也聲若未出則无變義若其已出則不
可變者就質并變此質本非凡聲今則出若空之音故言變也
是時大迦葉聞說以下第五大段明迦葉自慨絕分勸新學發
心迦葉所以致歎明二乘之人既不成仏見不思議事甚猶生盲不
能覩色嗟嘆何及（悲）聲振三千者假令發聲號泣亡應振於三千明
失利處深悲寄之甚菩薩之人聞不思議事是其分外獲利處深
應大喜慶明慶其所得若信此不思議解脫一切魔衆无如之何者此言

應大喜慶明慶其所得若信此不思議解脱一切魔衆无如之何者此言
寧可易爾〻必生理越生死豈系魔所如是三万天人發心者入
道藉於多緣淨名既現不思議事廣明不思議理即是為應陪者
要藉迦葉有上来勸獎之言然後發心也從維摩詰大迦葉以
下第六段述迦葉上言兼長養新學安慰其心何以得知述上正
以迦葉上言若信解不思議者一切魔衆无如之何明一切衆魔无
能擾亂菩薩而世間有始行菩薩為魔所擾此則言有錯循時情
致發是故淨名敘述迦葉之言令多位魔王者是住不思議菩薩
逼試小行令其堅固凡夫下劣有實魔者不能逼迫菩薩此即
成迦葉上言也新學而此則知實魔心生畏懼發能退行而大士現
為魔心不生懼故言安慰也

觀衆生品第七

此品所以来者為欲長養新學教其為行之法上不思議品末八千天子
發菩薩提心不思議品後三万二千起无上道意雖復發心未能善知
菩薩之法夫為菩薩必更有行化若計衆生之實則情有滯要須
先觀衆生躰空然後處生死慈悲誘化就此品中明觀衆生躰空故
此品觀衆生品也次中開為四段第一段從初先菩薩觀衆生為若

此也明廣說諸譬以況衆生證空不實也第二段從文殊言菩薩作是
觀者云何行慈訖答曰所住福祐無所悕望明上既觀衆生證空故能
脩行四等涉有施行第三段生死有畏菩薩說從無住本立一切法明、
生死之中多諸艱險然始行菩薩於生死畏中未免畏懼故須御籍高
援依憑如來功德之力方得無懼也第四段從維摩詰室有一天女下
訖品明法身大士安心化物變、、亦現非女而現女形使始行之流御稟
高則文殊問言云何觀衆生以下第一段觀衆生空中開爲三子段
第一辟如幻師見所幻人訖如電久住此說十喻以明空幻人者形明幻師
知幻人無實以喻菩薩觀衆生體空無定實可得猶如幻師知幻
人無實餘句類爾空中雲者遠望見有近則是無以喻去理遠則謂
有衆生近理則無其猶雲也又解空中雲儵忽而來倐爾便散無實故
也衆生無實亦如是第五大說如燋穀牙第二子段法說事上無以況
衆生空第五大據色而言唯有四大本無五大形以明衆生體空求之、
實不可得如求五大不可得無色界色者說三乘證明無色界唯有
四陰也乃至燋穀牙皆類然也從如須陀洹身見以下說如無因之大第
三子段說人以空須陀洹人既斷五邪諸見無有身見可得形以

三子段說人所空須陀洹人既斷五邪諸見无有身見可得所
眾生轉空亦爾亦不可得猶須陀洹未身見亦可得阿那含不欲界
受生亦不入胎下諸句類然唯无因之火一句是事但從多為譬所火
以薪草為因若无薪草之因亦火不可得又解此与燒度者為喻
然亦似此夜燒度如薪盡火滅所入滅盡涅槃身因既盡无復受身
其猶薪草盡亦火不可得也菩薩觀眾生之如此所結句所菩薩
觀眾生轉空正如上來所亦也從文殊云菩薩作是觀已云何行慈
以下第二大段明脩行四等在有化物也菩薩作是觀已云何行慈
此乃意慈亦以濟物為義眾生轉空慈將何設作是觀已我當
為眾生說如斯法是即真實慈亦作是眾生空觀已自念我
當還為眾生說上來所觀之法此是得理之慈非是虛誑故
稱真實慈也就此慈中開為四子段第一從行寂滅慈已下說
行无邊慈如虛空故亦九句就空境以明慈行寂滅慈无所生
故能使前人獲得寂滅之理謂菩薩行寂滅慈空理轉然生起故
為寂滅皆下句釋句上也行不熱慈无煩惱故者令彼前人獲得
空理謂菩薩丨亦熱慈正以煩惱轉空故云亦不熱也丨丨等亦慈

等三〻慈世故者空理无所差別云異語云若等令前人獲

等之理謂菩薩行等之慈何故平等正以三世悉空故云平等

也行无諍慈无所起故云空理絶於紛競故言无諍令前人獲得

无諍空理謂慈菩薩以无諍慈正以空澄无紛動起競故言无

諍也以不二慈内外不合故云空幹山和稱為不二令前人獲得不

二之理謂菩薩以不二慈正以无根塵於和合故云不二也以不

懷慈畢竟盡故云空理不可壞懷故曰不懷令前人獲得不懷之

理謂菩薩行不懷慈正以畢竟盡故不可壞懷也行堅固慈心无毀、

故者以就心為語會於不懷之理則心得堅固令前人獲得堅固之心謂、

菩薩行堅固慈正以心无毀故曰堅固也行清淨慈諸法性淨故者空理

无穢稱曰清淨令前人獲得清淨之理謂菩薩以清淨慈正以諸法澄

空性淨故云清淨也行无邊慈如虚空故云空理際不可得尋稱為

无邊能使前人獲无邊之理謂菩薩行无邊慈如虚空故皆事空

以明性空正以如虚空故稱曰无邊也第二子段行羅漢慈下訖行阿

之慈導衆生故四句就人以明慈行羅漢慈破結賊故令前人獲得

羅漢果謂菩薩以羅漢慈正以破煩惱結賊謂之羅漢也行菩薩慈

羅漢果謂菩薩〃羅漢慧正以破煩惱賊謂之羅漢也行菩薩慧
者令前人獲得菩薩故謂行菩薩慧正以能安衆生故稱為菩薩
也行佛之慧者令前人獲得於佛謂行佛〃慧正以既自覺了能覺衆
生故稱為佛也行如來慈亦如是第三子既〃自然慧說行无比慧者
三句既果顯法體以明慧行自然慧者為空理為自然佛會自然理稱
曰自然稱令前人獲得自然稱謂行自然慧空理不從因生故云无因
得也又〃稱以如來稱體超時不藉師得故云无師自然而起曰自然
之稱金剛以喻皆相似之因法稱不由相似因故云无因得也〃菩提
慧等〃一味者令前人獲菩提謂菩薩行菩提慧菩薩捷乎等无
有異味故云等〃一味也〃无比慧斷諸愛亦佛果諸功德既於形待稱
為无比若有諸愛則不免形奪諸愛既斷故无比也第四子既〃大
悲慈等〃有十二句說因中諸〃以明慈菩薩化物以大悲為首令
前人獲得大悲云〃為菩薩大悲慈以大乘拔苦故曰大悲〃无厭慈
亦為愛見悲則化物亦息得理之悲捨生死化物无有厭息令前人獲得
无厭也行為菩薩行无厭慈所以无厭能假實空理故化物无厭息〃法

以法施之求无遺惜也言至方便敢於七大類弘可知也 大陰蓋大悲前
人備得八地之行色先質見謂為隱蔽之法八地菩薩窮達色塵不為
色塵无所隱故爲无隱慧正以内心質直无乃塵穢故備无隱ゝゝ川彼
至直心清淨此川深心慈者令前人得九地深心ゝゝ川色乃形故心无方所
起慮万端難知於色自非深心ゝゝ將塵由窮達正由九地菩薩樹心不
淺窮達心塵斷心塵无所不盡故曰深心也ゝ相續无相心用錯者无雜川
也无誑慈者令前人循十地獨波羅蜜ゝゝ川既除色心集起无獨故波羅
蜜現前法獨真實稱爲ゝゝ不誑正以體絶虚假故无誑也川安樂慈者明
於佛地既備十地行滿所以得成佛也既果无為之地万苦斯盡故云安樂令
前人得佛樂故謂菩薩行安樂慈又以何謂爲悲者慈本与樂悲能拔
苦上已行慈今以何爲悲答曰菩薩所作功德与一切衆生共ゝゝ者以我功
以我功德願衆生苦處即是拔苦也何謂爲喜有所饒益歡喜无
悔者自他之喜皆是饒益内心喜慶无有悔恨之情故名喜也何謂爲
捨者所作福祐无所悕望者小捨ゝ聽視大捨ゝゝ方有明菩薩捨其所行
因之与果一切蓋无是大捨也文殊師利問以下第三大段上明菩薩涉生死
化物生死之中多諸艱險始行之流要須仰諮高援依導如來功德

化物生死之中多諸艱險始行之流要須仰結高援依導如來功德
之力故處生死化物有无畏懼也文殊有問生死有畏菩薩當何所依
者問言菩薩在生死化物得无畏懼當何所依也答曰當依如來功德之
力也若欲生死化物要須依導如來功德神力加援則免畏懼也又之離畏
由癡生癡由貪發貪去涉生死化物則无畏懼若處生死行化但依如來化
物功德之力自然免於畏懼也又所能依如來功德之力當何所住答曰當
住度脫一切衆生若依前解此所言能依如來威神加援當住何行中住
答云當依度脫衆生之行然後感佛威神加援也若依後釋者此所言上
直云依如來功德之力但功德无量當依何功德中住耶答云如來功德
雖復无量但住度脫衆生即是如來化物功德之力又所能度衆生當何所
除者若能度衆生應除何等也答曰除其煩惱者煩惱是生死之因衆生累
之本是故除遣又所能除煩惱當何所行答曰當行正念者若欲除其煩惱
當令觀達性空平等之理則能除斷諸稱為念又所云何行於正念者直云
正念未識正念之體答曰當行不生不滅者明性空理中无善可生无惡可
滅又一解就有中四正懃為語不生者已生未生惡法不令生也不滅者已起未
[illegible]

是不滅者曰不善不生善法不滅者〻謂言有不善法可滅善法可生耶
空之理不善既无其生云何有不善可滅也善法既无其滅云何乃善法可
生也善惡俱无生滅以旦擧上傷又一解歎回正懃為諸不善不生者二惡
除滅也善法不滅者二善增廣也又問善不善孰為夲此則文離鄙推
以至於无推夲者明從因生故可以體空万物以空為夲體是虛假
孰之〻誰又問善惡之生以誰為夲者由身造答曰身為夲〻由身造
善惡以〻身為夲又問身以誰為夲答曰欲貪為夲者即是心陰身由
行而得也又問欲貪以誰為夲答曰虛妄分別者即是受陰行由愛而
起又問虛妄分別以誰為夲答曰顛倒者即是想陰受由想而生
又問顛倒想以誰為夲答曰顛倒想者即是也陰受无住者即是識陰
想由識而生又問无住以何為夲答曰无住則无夲者六識為造緣之始得境
之初故言无夲也又解无住以无為夲六識以空為夲文殊師利從无住夲
立一切法者由識為夲次第生想受行及身也又一解无住者空也推想至
空略識取想者論云但歷想業不鄣識業故知唯識也空与想寸為
夲者正以万法无自性因緣而得立故以空為有夲也无住即无夲者空
矜不從因生故云无夲也又復一解欲貪為夲者欲著情深故能廣起、

轉不從因生故云无本也又復一解彼貪爲本者彼著情深故能廣起〻
衆結之者愛潤故更生彼貪与身爲本也虛妄分別爲本者法无美惡
虛妄分別謂是美〻惡〻既形貪欲從之而生故言虛妄分別与貪彼
爲本也顛倒爲本者法本非有顛倒因緣以之爲有既以爲有生其美
惡之分別故知顛倒在与虛妄分別爲本也无住爲本者顛倒之時緣和
故有因性故无以空爲本由空乃有得生也无住則无本者无住則窮其原
更无所出故言无本也從无住本立一切法由无住故生在〻倒〻故虛〻妄
〻分〻別〻故貪〻彼〻故有身既以有身則善惡並陳所以万法斯
起故言從无住本立一切法時維摩詰室有一天女以下第四大段何故
而來者彼明大士在於生死安心外化變形无方故能非女而現女彼使
小行之流御窠高則在乎化物也就中开爲八段第一從物說習盡者
華不著也明天女既出散華即因華以生論也第二從舍利弗問天止
此室其已久如說仏說婬怒癡性即是解脫明識其於解脫中謬莫
又近第三從舍利弗言善哉以下說若有證者則於仏法爲增上慢
明識其情存得證第四從舍利弗問天汝於三乘爲何爲志未以下
无唯可見所不思議事而復樂於聲聞法乎明責其心口相違第

五從舍利問天女何以不轉女身訖夫无在无不在者仏所說也問其頭於
弟六從舍利弗問天女於此沒當生何所訖衆生猶然无沒生也明乃空
生處弟七從舍利弗問天女久如當得阿耨多羅三藐三菩提訖諸仏
菩薩亦復如是无所得故而得明以其沒處弟八從尒時維摩詰
舍利弗下訖品明出天女之權迹安慰舍利弗之意尒時維摩詰
室下弟一段明因花以生論有一天女便現其身明此天女乃是法身
大士現為淨名宅神所以出現者凡有三意一者欲明大士非女而能現
女令始學之流仰而則之二者欲使附情棄小欣大三者欲令衆會
悟於无生平等之理也即以天花散諸菩薩大弟子上者有其二意
一意述其供養之情二意欲遠与論義為諸序至諸菩薩即皆墮
落者明菩薩凡有三義花則不著一者情无分別墮以不墮二者不畏
生死三者結習盡故也至大弟子便著不墮者亦有三義所以不墮一者
一情存墮不墮二者畏懼生死三者結習未盡是故不墮也此非通論也
理故當大士神力制之亦不墮一切弟子神力去花亦不能令去者大士威力
所加雖相許之而亦不能去者天問舍利弗何故去花者問其去花之由
答曰此花不如法是以去之者此花不如我出家之法是故除之又一解華

前白此花亦如法竟以前之中此花亦如我出家之法竟故除之又一解衆
法直墮而著亦墮中也花者天曰句謂此花爲亦如法中明花亦
是法與非法法与非法出自心境所以言句謂此花爲亦如法在法此
花无所分別此花无心分別隨以不隨但由行者自生分別之心是
故花不墮也若於佛法出家而所分別爲不如法中出家虛心會理情存隨
以不隨即而分別非虛心會理出家之法也若无分別是則如法中明觀
花平等不見隨与不隨即會佛法之理也觀諸菩薩花不著者斷一
切分別在中正由斷分別之心故花不著也辭如人畏時非人得其便
中以喻聲聞畏於生死花著不墮色聲香味觸得其便中爲花所著
已離畏中一切五欲无能爲也中菩薩不畏生死故花不著結習未盡中
聲聞雖斷正結結家餘習未除故花著身所結習盡中菩薩斷於
結習是故花不著也小行菩薩猶有結習何故言盡中但要心
必須盡善得爲斷之方也從舍利弗問天止此室久如下第二段
議其解脫中語默久近就中開爲三句第一句從止此室久如下
說故吾於是不知所言中明實理之中无其久近問天止久如中存滯
[illegible]

止以來如耆年得空解脫也舍利弗言止以久所言天女以空為解脫
謬承其意便謂斷結解脫以逐年載故云止止久耶天曰耆年
解脫久何如久云以耆年得空解脫竟何如許而言其久又解耆
年解脫久何久近以無久近舍利弗嘿然者既失譏於前宗方也
解脫之無言是故嘿然也天曰如何耆舊大智而嘿者既是耆宿智
惠第一何故嘿然也答曰解脫之中無所言說故吾於是不知所云空
解脫中本無言說事了乃所云中第二句天曰言說文字以下論所以
者何一切諸法皆解脫相以云亦妨理云說文字皆解脫相者聆日云
說終日聆空聆日無言假云談空理自無妨胡為杜口而嘿所以者
何者所以言說文字皆解脫者何令言解脫不在內外兩明三處
求解脫不可得文字亦三處求不可得故文字即是解脫內者六
根外者六塵中間者六識也又解脫不內者生死也不外者涅槃不中
間者道品也文字不內者己身不外者所名前境不中間者音聲
又離十二從十八界也是故舍利弗無離文字說解脫者而是文字即
是解脫故豈可更離文字覓解脫也所以者何以多釋少所以離
文字無解脫者何今言一切諸法皆解脫相文字既是万法之數事

文字無解脫耳何令之一切諸法皆解脫和文字既是万法之數寧
非解脫也弟三句舍利弗言不復以離婬怒癡為解脫耳說婬怒
說仏說婬怒癡性即是解脫明狥其本意上雖明性空解脫
然二乘之人情尚踣斷解脫為勝還狥其本意若以性空為解脫
者不復以離婬怒癡為解脫耶天曰仏為增上慢人說離婬
怒癡為解脫者明凡論增上慢耳凡夫之人得少禪定光明謂言（暫伏煩惱不行於心得此）
得無漏增勝之法以此為上而起心慢謂增上慢也今〃二乘同增
上慢二乘之人謂生死是畢（早）已道可尊以凡夫為下自己所得
為高即是增上慢仏為此人說踣斷以為解脫若無增上慢
者仏說婬怒癡性即是解脫也菩薩不見生死之畢已道可
尊大士觀婬怒癡猶空即是解脫也舍利弗言善哉〃〃下弟
三段識具情存得證世何所得以何所證辯乃如是耆世得
何無漏證何無為辯乃如是答曰我無得無證故辯如是耳
雖獲無漏無為而不見無漏可得無為可證虛心會理故辯如
是若有得有證則於仏法為增上慢耳若情存得證即同二乘
為增上慢也若見已有所得見也不得 [illegible]

慢人又一解若有所得者則无所得以不得為得之是增上慢也
從爾時舍利弗問天汝於三乘以下第四段責心口右邊缺中略有
二意從以聲聞法化衆生說我為大乘此責舌心邊我本隨感
則現三乘无定故云何內心專謂我為大也從奴人入薝蔔林以下明大
士常修大乘无小乘之雜而身子於三乘位不定之問故責其口
也身子言自承心故云責其心口右邊缺責其口邊而為五子句
第一從奴人入薝蔔林說不樂聲聞辟支佛功德之香此就譬喻以
明唯大无小也下合喻可解第二從其有釋梵以下說發心而出明就
来衆以辯唯大无小也第三從舍利弗言汝止此室十有二年但說聞菩
薩大慈大悲不可思議諸佛之法明就住室久近以辯唯大无小
也第四從舍利弗此室常現八未曾有以下就八未曾有明唯大
无小八未曾有者有四意明義第一第二内外二明相對金色光
明者是外明不為諸垢之所惱者謂之内明第三第四以法相對釋
梵天王他方菩薩明其勝人六波羅蜜明有勝法第五第六財法二施
相對說出无量法化之聲即是法施四大藏即是財也施第七
第八法身淨土相對十方諸佛來入此室即是法身嚴飾宮殿

根塵[illegible]無量諸佛之嚴[illegible]於四大而[illegible]之[illegible]於其
末八法身淨土相對十方諸佛來入此室即是法身嚴飾室廬
諸佛淨土即是淨土也第五子句舍利弗此室常現八未曾有
誰有見斯不思議事而復樂於聲聞法乎　六
偈結前四八未曾有云可據結上四句從舍利弗曰天何以不
轉女身至下第五大段乃其現報說中而為二句初一從舍利
弗言以下說云何乃曰不轉女身明性空理中无女可轉何以不
轉者女身本無今攝惠過物之何以无身之攝要有身之形識辯
如是何不轉女形以為男身天曰我從十二年來求女身相了不可
得當何所轉者女身相空求不可得竟何所轉也當依淨名立
此方丈已逕十二年也譬如幻師作化幻女以喻女身體空猶
如幻化不實无女可得也第二句即將天女以神力變舍利弗以下說舍
利弗身還復如故迴換男女之身明男非定男女非定女而以言何
以不轉女身本無向令我轉於女身本無今何故不轉女身也答曰我
今不知何轉而變為女身者我既不測變之所由亦不知為轉之
方有一譬空中无轉我今作女而變為女身是空中无女可轉之[illegible]

知何轉女天曰舍利弗若能轉此身則一切女人亦當能轉者亦有
亦解脫舍利弗為大士神力加制故不能轉今言若舍利弗能轉此女
身則一切女人實女之身亦當能轉正以一切女人既不可轉故知舍
利弗亦不能轉也又復解若舍利弗空中能轉者一切女人亦當能轉
一切女人身既不可轉故知舍利弗空中無女可轉也如舍利弗非女而現
女身一切女人亦復如是雖現女身而非實女若舍利弗非實非女
而今為女明知一切女人雖復現女身而實非女也是故佛說非男
非女者引佛所說證男女不定也第二詞天曰舍利弗女身色相今何所
在下說實身明在不在理也舍利弗言女身色相無在無不在
言無有何者之在今日之不在也無在無不在佛所說者引佛說為
證在不在義也從舍利弗問天汝於此沒當生何所已下第六明
所生處也如世既道若可得來生之處必也第明之者於此沒當
生但以約化所生無明佛化所生非實生下眾生猶然者明眾生
皆同不實無於沒生也從舍利弗問天汝久如當得菩提下第七
明得菩提授記中兩分之初第一舍利弗問天從下說是故無

然此門有後相就中兩為三句第一舍利弗問天女下說是故无
所得者明舍利弗問之久近天女明空理之中无菩提可得菩
提无住處者明菩提當滅則无方所既无一所得菩提之天能得之
者第二句舍利弗下下說佛得菩提法非謂菩提有去來今明
諸相理中无菩提可得就名聞道中及三世佛菩提可得第三
句天曰舍利弗汝得羅漢道以下說无所得故而得明以舍利弗所
得證理中而得不得就真諦无得據俗而得也今相承解
正以不可見菩提可得始為可得從爾時作等諸語舍利弗
以下第八段明諸天女權迹安慰弟子之意舍利弗贊歎之
中明真第一與女人論義不如何能不懷於怏怏之情今明此女是法
身大士大小懸隔雖與居言對之何益多愧也

維摩經義記卷第三

一校流通

釋瓊許瓊

大統三年正月十九日寫訖

BD01033 妙法蓮華經卷二

（後秦）鳩摩羅什 譯

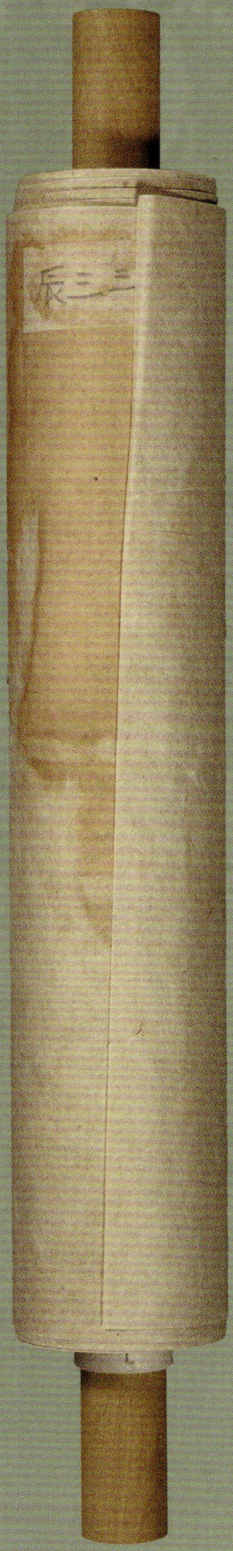

784.4cm × 25.2cm

是思惟我身手有力
舍出之復更思惟是
諸子幼稚未有所識
火所燒我當為説怖畏之事此
疾出无令為火之所燒害作是念已如所思
惟具告諸子汝等速出父雖憐愍善言誘喻
而諸子等樂著嬉戲不肯信受不驚不畏了
无出心亦復不知何者是火何者為舍云何
為失但東西走戲視父而已尒時長者即作
是念此舍已為大火所燒我及諸子若不時
出必為所焚我今當設方便令諸子等得免
斯害父知諸子先心各有所好種種珎玩奇
異之物情必樂著而告之言汝等所可玩好
希有難得汝若不取後必憂悔如此種種羊

車鹿車牛車今在門外可以遊戲汝等於此
火宅宜速出來隨汝所欲皆當與汝尒時諸子
聞父所說珎玩之物適其願故心各勇鋭互
相推排競共馳走爭出火宅是時長者見
諸子等安隱得出皆於四衢道中露地而坐
无復障礙其心泰然歡喜踊躍時諸子等各
白父言父先所許玩好之具羊車鹿車牛車
願時賜與舍利弗尒時長者各賜諸子等一
大車其車高廣衆寶莊校周帀欄楯四面懸
鈴又於其上張設幰蓋亦以珎奇雜寶而嚴飾
之寶繩交絡垂諸華瓔重敷綩綖安置丹枕
駕以白牛膚色充潔形體姝好有大筋力行
步平正其疾如風又多僕從而侍衛之所以
者何是大長者財富无量種種諸藏悉皆
充溢而作是念我財物无極不應以下劣小

充溢所作是念我財物无極不應以下劣小
車與諸子等今此幼童皆是吾子愛无偏黨
我有如是七寶大車其數无量應當等心各各
與之不宜差別所以者何以我此物周給一
國猶尚不匱何況諸子是時諸子各乘大
車得未曾有非本所望舍利弗於汝意云何
是長者等與諸子珎寶大車寧有虛妄不舍
利弗言不也世尊是長者但令諸子得免火
難全其軀命非為虛妄何以故若全身命便
為已得玩好之具況復方便於彼火宅而拔
濟之世尊若是長者乃至不與最小一車猶
不虛妄何以故是長者先作是意我以方便
令子得出以是因緣无虛妄也何況長者自
知財富无量欲饒益諸子等與大車佛告舍
利弗善哉善哉如汝所言舍利弗如來亦復

如是則為一切世間之父於諸怖畏衰惱憂
患无明暗蔽永盡无餘而悉成就无量知見
力无所畏有大神力及智慧力具足方便智
慧波羅蜜大慈大悲常无懈惓恒求善事利
益一切而生三界朽故火宅為度衆生生老
病死憂悲苦惱愚癡暗蔽三毒之火教化令
得阿耨多羅三藐三菩提見諸衆生為生老
病死憂悲苦惱之所燒煮亦以五欲財利故
受種種苦又以貪著追求故現受衆苦後受
地獄畜生餓鬼之苦若生天上及在人間貧
窮困苦愛別離苦怨憎會苦如是等種種諸
苦衆生沒在其中歡喜遊戲不覺不知不驚
不怖亦不生猒不求解脫於此三界火宅東
西馳走雖遭大苦不以為患舍利弗佛見此已
便作是念我為衆生之父應拔其苦難與

便作是念我為衆生之父應拔其苦難與
无量无邊佛智慧樂令其遊戲舍利弗如来
復作是念若我但以神力及智慧力捨於方
便為諸衆生讚如来知見力无所畏者衆生
不能以是得度所以者何是諸衆生未免生
老病死憂悲苦惱而為三界火宅所燒何由
能解佛之智慧舍利弗如彼長者雖復身手
有力而不用之但以慇勤方便免濟諸子火
宅之難然後各與珎寶大車如来亦復如是
雖有力无所畏而不用之但以智慧方便於
三界火宅拔濟衆生為說三乘聲聞辟支佛
佛乘而作是言汝等莫得樂住三界火宅勿
貪麁弊色聲香味觸也若貪著生愛則為所燒汝
速出三界當得三乘聲聞辟支佛佛乘我今為汝保
任此事終不虛也汝等但當勤脩精進如来以是方便誘

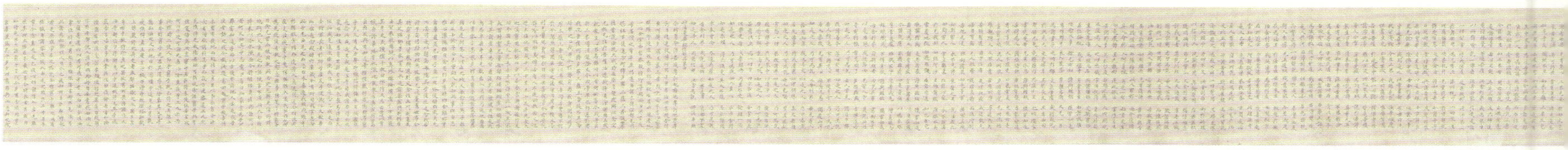

進衆生復作是言汝等當知此三乘法皆是聖所稱歎自
在无繫无所依求乘是三乘以无漏根力覺道禪
定解脫三昧等而自娛樂便得无量安隱快樂
舍利弗若有衆生内有智性從佛世尊聞法
信受慇懃精進欲速出三界自求涅槃是名
聲聞乘如彼諸子為求羊車出於火宅若
有衆生從佛世尊聞法信受慇懃精進求自
然慧樂獨善寂深知諸法因緣是名辟支佛
乘如彼諸子為求鹿車出於火宅若有衆生
從佛世尊聞法信受勤脩精進求一切智佛
智自然智无師智如來知見力无所畏愍念
安樂无量衆生利益天人度脫一切是名大
乘菩薩求此乘故名為摩訶薩如彼諸子為
求牛車出於火宅舍利弗如彼長者見諸子
等安隱得出火宅到无畏處自惟財富无量

等安隱得出火宅到无畏處自惟財富无量
等以大車而賜諸子如來亦復如是為一切
衆生之父若見无量億千衆生以佛教門出三
界苦怖畏險道得涅槃樂如來介時便作是
念我有无量无邊智慧力无畏等諸佛法
藏是諸衆生皆是我子等與大乘不令有人
獨得滅度皆以如來滅度而滅度之是諸衆
生脫三界者悉與諸佛禪定解脫等娛樂之
具皆是一相一種聖所稱歎能生淨妙第一
之樂舍利弗如彼長者初以三車誘引諸子
然後但與大車寶物莊嚴安隱第一然彼長
者无虛妄之咎如來亦復如是无有虛妄初
說三乘引導衆生然後但以大乘而度脫之
何以故如來有无量智慧力无所畏諸法之

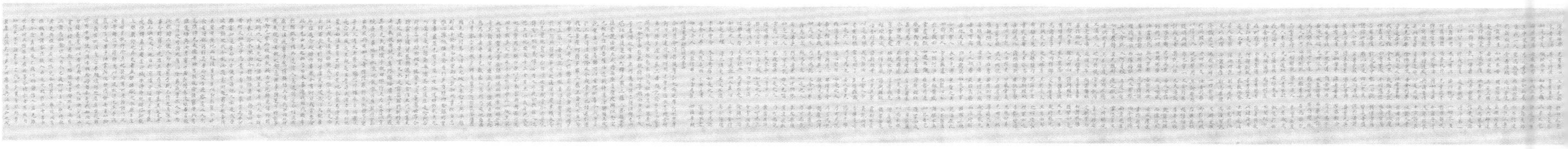

藏能與一切衆生大乘之法但不盡能受舍
利弗以是因緣當知諸佛方便力故於一佛
乘分別說三佛欲重宣此義而說偈言
譬如長者　有一大宅　其宅久故　而復頓弊
堂舍高危　柱根摧朽　梁棟傾斜　基陛頹毀
墻壁圮坼　泥塗褫落　覆苫亂墜　椽梠差脫
周障屈曲　雜穢充遍　有五百人　止住其中
鵄梟鵰鷲　烏鵲鳩鴿　蚖蛇蝮蝎　蜈蚣蚰蜒
守宮百足　狖狸鼷鼠　諸惡蟲輩　交橫馳走
屎尿臭處　不淨流溢　蜣蜋諸蟲　而集其上
狐狼野干　咀嚼踐蹋　嚌齧死屍　骨肉狼藉
由是羣狗　競來搏撮　飢羸慞惶　處處求食
鬪諍齟掣　啀喍嘷吠　其舍恐怖　變狀如是
處處皆有　魑魅魍魎　夜叉惡鬼　食噉人肉
毒蟲之屬　諸惡禽獸　孚乳產生　各自藏護

處處皆有　魑魅魍魎　夜叉惡鬼　食噉人肉
毒虫之屬　諸惡禽獸　孚乳產生　各自藏護
夜叉競來　爭取食之　食之既飽　惡心轉熾
鬪諍之聲　甚可怖畏　鳩槃荼鬼　蹲踞土埵
或時離地　一尺二尺　往返遊行　縱逸嬉戲
捉狗兩足　撲令失聲　以脚加頸　怖狗自樂
復有諸鬼　其身長大　裸形黑瘦　常住其中
發大惡聲　叫呼求食　復有諸鬼　其咽如針
復有諸鬼　首如牛頭　或食人肉　或復噉狗
頭髮蓬亂　殘害凶險　飢渴所逼　叫喚馳走
夜叉餓鬼　諸惡鳥獸　飢急四向　窺看窓牖
如是諸難　恐畏无量　是朽故宅　屬于一人
其人近出　未久之間　於後舍宅　欻然火起
四面一時　其焰俱熾　棟梁椽柱　爆聲震裂
摧折墮落　牆壁崩倒　諸鬼神等　揚聲大叫

鵰鷲諸鳥　鳩槃荼等　周章惶怖　不能自出
惡獸毒虫　藏竄孔穴　毘舍闍鬼　亦住其中
薄福德故　為火所逼　共相殘害　飲血噉肉
野干之屬　並已前死　諸大惡獸　競來食噉
臭烟熢㶿　四面充塞　蜈蚣蚰蜒　毒虵之類
為火所燒　爭走出穴　鳩槃荼鬼　隨取而食
又諸餓鬼　頭上火燃　飢渴熱惱　周慞悶走
其宅如是　甚可怖畏　毒害火灾　眾難非一
是時宅主　在門外立　聞有人言　汝諸子等
先因遊戲　來入此宅　稚小无知　歡娛樂著
長者聞已　驚入火宅　方宜救濟　令无燒害
告喻諸子　說眾患難　惡鬼毒虫　灾火蔓莚
眾苦次第　相續不絕　毒虵蚖蝮　及諸夜叉
鳩槃荼鬼　野干狐狗　鵰鷲鵄梟　百足之屬
飢渴惱急　甚可怖畏　此苦難處　況復大火

燋躬爭鬼　野干狐狢　鵰鷲鵄梟　百足之屬
飢渴惱急　甚可怖畏　此苦難處　況復大火
諸子无知　雖聞父誨　猶故樂著　嬉戲不已
是時長者　而作是念　諸子如此　益我愁惱
今此舍宅　无一可樂　而諸子等　耽湎嬉戲
不受我教　將為火害　即便思惟　設諸方便
告諸子等　我有種種　珍玩之具　妙寶好車
羊車鹿車　大牛之車　今在門外　汝等出來
吾為汝等　造作此車　隨意所樂　可以遊戲
諸子聞說　如此諸車　即時奔競　馳走而出
到於空地　離諸苦難　長者見子　得出火宅
住於四衢　坐師子座　而自慶言　我今快樂
此諸子等　生育甚難　愚小无知　而入險宅
多諸毒虫　魑魅可畏　大火猛焰　四面俱起
而此諸子　貪樂嬉戲　我已救之　令得脫難

是故諸人　我今快樂　尒時諸子　知父安坐
皆詣父所　而白父言　願賜我等　三種寶車
如前所許　諸子出來　當以三車　隨汝所欲
今正是時　唯垂給與　長者大富　庫藏衆多
金銀瑠璃　車𤦲馬瑙　以衆寶物　造諸大車
莊校嚴飾　周帀欄楯　四面懸鈴　金繩交絡
真珠羅網　張施其上　金華諸瓔　處處垂下
衆綵雜飾　周帀圍繞　柔軟繒纊　以為茵蓐
上妙細氎　價直千億　鮮白淨潔　以覆其上
有大白牛　肥壯多力　形體姝好　以駕寶車
多諸儐從　而侍衛之　以是妙車　等賜諸子
諸子是時　歡喜踊躍　乘是寶車　遊於四方
嬉戲快樂　自在无礙　告舍利弗　我亦如是
衆聖中尊　世間之父　一切衆生　皆是吾子
深著世樂　无有慧心　三界无安　猶如火宅

深著世樂　无有慧心　三界无安　猶如火宅
衆苦充滿　甚可怖畏　常有生老　病死憂患
如是等火　熾燃不息　如來已離　三界火宅
寂然閑居　安處林野　今此三界　皆是我有
其中衆生　悉是吾子　而今此處　多諸患難
唯我一人　能為救護　雖復教詔　而不信受
於諸欲染　貪著深故　是以方便　為說三乘
令諸衆生　知三界苦　開示演說　出世間道
是諸子等　若心決定　具足三明　及六神通
有得緣覺　不退菩薩　汝舍利弗　我為衆生
以此譬喻　說一佛乘　汝等若能　信受是語
一切皆當　得成佛道　是乘微妙　清淨第一
於諸世間　為无有上　佛所悅可　一切衆生
所應稱讚　供養礼拜　无量億千　諸力解脫

禪定智慧　及佛餘法　得如是乘　令諸子等
日夜劫數　常得遊戲　與諸菩薩　及聲聞衆
乘此寶乘　直至道場　以是因緣　十方諦求
更无餘乘　除佛方便　告舍利弗　汝諸人等
皆是吾子　我則是父　汝等累劫　衆苦所燒
我皆濟拔　令出三界　我雖先說　汝等滅度
但盡生死　而實不滅　今所應作　唯佛智慧
若有菩薩　於是衆中　能一心聽　諸佛實法
諸佛世尊　雖以方便　所化衆生　皆是菩薩
若人小智　深著愛欲　為此等故　說於苦諦
衆生心喜　得未曾有　佛說苦諦　真實无異
若有衆生　不知苦本　深著苦因　不能暫捨
為是等故　方便說道　諸苦所因　貪欲為本
若滅貪欲　无所依止　滅盡諸苦　名第三諦
為滅諦故　脩行於道　離諸苦縛　名得解脫

若滅貪欲　無所依止　滅盡諸苦　名第三諦
為滅諦故　脩行於道　離諸苦縛　名得解脫
是人於何　而得解脫　但離虛妄　名為解脫
其實未得　一切解脫　佛說是人　未實滅度
斯人未得　无上道故　我意不欲　令至滅度
我為法王　於法自在　安隱衆生　故現於世
汝舍利弗　我此法印　為欲利益　世間故說
在所遊方　勿妄宣傳　若有聞者　隨喜頂受
當知是人　阿鞞跋致　若有信受　此經法者
是人已曾　見過去佛　恭敬供養　亦聞是法
若人有能　信汝所說　則為見我　亦見於汝
及比丘僧　并諸菩薩　斯法華經　為深智說
淺識聞之　迷惑不解　一切聲聞　及辟支佛
於此經中　力所不及　汝舍利弗　尚於此經
以信得入　況餘聲聞　其餘聲聞　信佛語故

隨順此經　非己智分　又舍利弗　憍慢懈怠
計我見者　莫說此經　凡夫淺識　深著五欲
聞不能解　亦勿為說　若人不信　毀謗此經
則斷一切　世間佛種　或復嚬蹙　而懷疑惑
汝當聽說　此人罪報　若佛在世　若滅度後
其有誹謗　如斯經典　見有讀誦　書持經者
輕賤憎嫉　而懷結恨　此人罪報　汝今復聽
其人命終　入阿鼻獄　具足一劫　劫盡更生
如是展轉　至无數劫　從地獄出　當墮畜生
若狗野干　其形頷瘦　黧黮疥癩　人所觸嬈
又復為人　之所惡賤　常困飢渴　骨肉枯竭
生受楚毒　死被瓦石　斷佛種故　受斯罪報
若作駱駝　或生驢中　身常負重　加諸杖捶
但念水草　餘无所知　謗斯經故　獲罪如是
有作野干　來入聚落　身體疥癩　又无一目

但念水草 餘無所知 謗斯經故 獲罪如是
有作野干 來入聚落 身體疥癩 又无一目
為諸童子 之所打擲 受諸苦痛 或時致死
於此死已 更受蟒身 其形長大 五百由旬
聾騃无足 宛轉腹行 為諸小虫 之所唼食
晝夜受苦 无有休息 謗斯經故 獲罪如是
若得為人 諸根暗鈍 矬陋攣躄 盲聾背傴
有所言說 人不信受 口氣常臭 鬼魅所著
貧窮下賤 為人所使 多病痟瘦 无所依怙
雖親附人 人不在意 若有所得 尋復忘失
若脩醫道 順方治病 更增他疾 或復致死
若自有病 无人救療 設服良藥 而復增劇
若他反逆 抄劫竊盜 如是等罪 橫羅其殃
如斯罪人 永不見佛 衆聖之王 說法教化
如斯罪人 常生難處 狂聾心亂 永不聞法

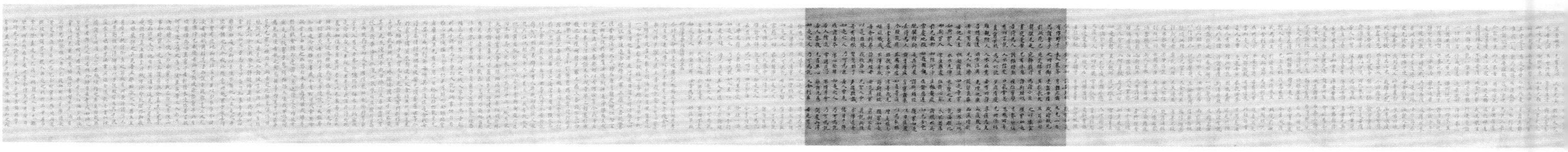

於无數劫 如恒河沙 生輒聾瘂 諸根不具
常處地獄 如遊園觀 在餘惡道 如己舍宅
駝驢猪狗 是其行處 謗斯經故 獲罪如是
若得為人 聾盲瘖瘂 貧窮諸衰 以自莊嚴
水腫乾痟 疥癩癰疽 如是等病 以為衣服
身常臭處 垢穢不淨 深著我見 增益瞋恚
婬欲熾盛 不擇禽獸 謗斯經故 獲罪如是
告舍利弗 謗斯經者 若說其罪 窮劫不盡
以是因緣 我故語汝 无智人中 莫說此經
若有利根 智慧明了 多聞強識 求佛道者
如是之人 乃可為說 若人曾見 億百千佛
殖諸善本 深心堅固 如是之人 乃可為說
若人精進 常脩慈心 不惜身命 乃可為說
若人恭敬 无有異心 離諸凡愚 獨處山澤
如是之人 乃可為說 又舍利弗 若見有人

如是之人 乃可為說 又舍利弗 若見有人
捨惡知識 親近善友 如是之人 乃可為說
若見佛子 持戒清潔 如淨明珠 求大乘經
如是之人 乃可為說 若人无瞋 質直柔軟
常愍一切 恭敬諸佛 如是之人 乃可為說
復有佛子 於大眾中 以清淨心 種種因緣
譬喻言辭 說法无礙 如是之人 乃可為說
若有比丘 為一切智 四方求法 合掌頂受
但樂受持 大乘經典 乃至不受 餘經一偈
如是之人 乃可為說 如人至心 求佛舍利
如是求經 得已頂受 其人不復 志求餘經
亦未曾念 外道典籍 如是之人 乃可為說
告舍利弗 我說是相 求佛道者 窮劫不盡
如是等人 則能信解 汝當為說 妙法華經

妙法蓮華經信解品第四

尒時慧命須菩提摩訶迦旃延摩訶迦葉摩
訶目揵連從佛所聞未曾有法世尊授舍利
弗阿耨多羅三藐三菩提記發希有心歡喜
踊躍即從座起整衣服偏袒右肩右膝著地
一心合掌曲躬恭敬瞻仰尊顏而白佛言我
等居僧之首年並朽邁自謂已得涅槃无所
堪任不復進求阿耨多羅三藐三菩提世尊
往昔說法既久我時在座身體疲懈但念空
无相无作於菩薩法遊戲神通淨佛國土成
就衆生心不憙樂所以者何世尊令我等出
於三界得涅槃證又今我等年已朽邁於佛
教化菩薩阿耨多羅三藐三菩提不生一念
好樂之心我等今於佛前聞授聲聞阿耨多
羅三藐三菩提記心甚歡喜得未曾有不謂

好樂之心我等今於佛前聞授聲聞阿耨多
羅三藐三菩提記心甚歡喜得未曾有不謂
於今忽然得聞希有之法深自慶幸獲大善
利无量珎寶不求自得世尊我等今者樂說
譬喻以明斯義譬若有人年既幼稚捨父逃
逝久住他國或十二十至五十歲年既長大
加復窮困馳騁四方以求衣食漸漸遊行遇
向本國其父先來求子不得中止一城其家
大富財寶无量金銀琉璃珊瑚虎珀頗梨珠
等其諸倉庫悉皆盈溢多有僮僕臣佐吏民
象馬車乘牛羊无數出入息利乃遍他國商
估賈客亦甚衆多時貧窮子遊諸聚落經歷
國邑遂到其父所止之城父每念子與子離
別五十餘年而未曾向人說如此事但自思
惟心懷悔恨自念老朽多有財物金銀珎寶

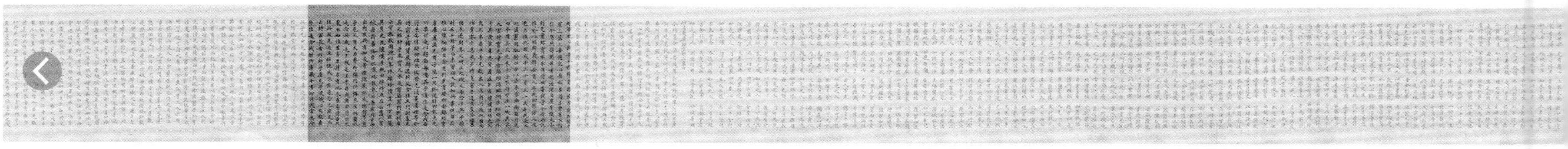

倉庫盈溢无有子息一旦終沒財物散失无
所委付是以慇懃每憶其子復作是念我若
得子委付財物坦然快樂无復憂慮世尊尒
時窮子傭賃展轉遇到父舍住立門側遥見
其父踞師子床寶几承足諸婆羅門剎利居
士皆恭敬圍繞以真珠瓔珞價直千万莊嚴
其身吏民僮僕手執白拂侍立左右覆以寶
帳垂諸華幡香水灑地散衆名華羅列寶物
出內取與有如是等種種嚴飾威德特尊窮
子見父有大力勢即懷恐怖悔來至此竊作
是念此或是王或是王等非我傭力得物之
處不如往至貧里肆力有地衣食易得若久
住此或見逼迫强使我作作是念已疾走而
去時富長者於師子座見子便識心大歡喜
即作是念我財物庫藏今有所付我常思念

[illegible]
即作是念我財物庫藏今有所付我常思念
此子无由見之而忽自來甚適我願我雖年
朽猶故貪惜即遣傍人急追將還尒時使者
疾走往捉窮子驚愕稱怨大喚我不相犯何
為見捉使者執之愈急強牽將還于時窮子
自念无罪而被囚執此必定死轉更惶怖悶
絕躄地父遥見之而語使言不須此人勿強
將來以冷水灑面令得醒悟莫復與語所以
者何父知其子志意下劣自知豪貴為子所
難審知是子而以方便不語他人云是我子
使者語之我今放汝隨意所趣窮子歡喜得
未曾有從地而起往至貧里以求衣食尒時
長者將欲誘引其子而設方便密遣二人形
色憔悴无威德者汝可詣彼徐語窮子此有

作處倍與汝直窮子若許將來使作若言欲
何所作便可語之雇汝除糞我等二人亦共
汝作時二使人即求窮子既已得之具陳上
事尒時窮子先取其價尋與除糞其父見子
愍而怪之又以他日於窓牖中遥見子身羸
瘦憔悴糞土塵坌汙穢不淨即脱瓔珞細軟
上服嚴飾之具更着麁弊垢膩之衣塵土坌
身右手執持除糞之器狀有所畏語諸作人
汝等勤作勿得懈息以方便故得近其子後
復告言咄男子汝常此作勿復餘去當加汝
價諸有所須瓫器米麵鹽酢之屬莫自疑難
亦有老弊使人須者相給好自安意我如汝父
勿復憂慮所以者何我年老大而汝少壯汝
常作時无有欺怠瞋恨怨言都不見汝有
此諸惡如餘作人自今已後如所生子即時長

作時无有欺怠瞋恨怨言都不見汝有
此諸惡如餘作人自今已後如所生子即時長
者更與作字名之為兒尒時窮子雖欣此遇
猶故自謂客作賤人由是之故於二十年中
常令除糞過是已後心相體信入出无難
然其所止猶在本處世尊尒時長者有疾自
知將死不久語窮子言我今多有金銀珎寶
倉庫盈溢其中多少所應取與汝悉知之我
心如是當體此意所以者何今我與汝便為
不異宜加用心无令漏失尒時窮子即受教
勅領知衆物金銀珎寶及諸庫藏而无悕取
一飡之意然其所止故在本處下劣之心亦
未能捨復經少時父知子意漸已通泰成就
大志自鄙先心臨欲終時而命其子并會親
族國王大臣刹利居士皆悉已集即自宣言

諸君當知此是我子我之所生於某城中捨
吾逃走跉跰辛苦五十餘年其本字某我名
某甲昔在本城懷憂推覓忽於此間遇會得
之此實我子我實其父今我所有一切財物
皆是子有先所出内是子所知世尊是時窮
子聞父此言即大歡喜得未曾有而作是念
我本无心有所悕求今此寶藏自然而至世
尊大富長者則是如來我等皆似佛子如來
常說我等為子世尊我等以三苦故於生死
中受諸熱惱迷惑无知樂著小法今日世尊
令我等思惟蠲除諸法戲論之糞我等於中
勤加精進得至涅槃一日之價既得此已心
大歡喜自以為足便自謂言於佛法中勤精進
故所得弘多然世尊先知我等心著弊欲樂
於小法便見縱捨不為分別汝等當有如來

故所得弘多然世尊先知我等心著弊欲樂
於小法便見縱捨不爲分別汝等當有如来
知見寶藏之分世尊以方便力說如来智慧
我等從佛得涅槃一日之價以爲大得於此
大乘无有志求我等又因如来智慧爲諸菩
薩開示演說而自於此无有志願所以者何
佛知我等心樂小法以方便力隨我等說而
我等不知真是佛子今我等方知世尊於佛
智慧无所悋惜所以者何我等昔来真是佛
子而但樂小法若我等有樂大之心佛則爲
我說大乘法於此經中唯說一乘而昔於菩薩
前毀呰聲聞樂小法者然佛實以大乘教化
是故我等說本无心有所悕求今法王大寶
自然而至如佛子所應得者皆已得之尒時
摩訶迦葉欲重宣此義而說偈言

我等今日　聞佛音教　歡喜踊躍　得未曾有
佛說聲聞　當得作佛　无上寶聚　不求自得
譬如童子　幼稚无識　捨父逃逝　遠到他土
周流諸國　五十餘年　其父憂念　四方推求
求之既疲　頓止一城　造立舍宅　五欲自娛
其家巨富　多諸金銀　車璖馬瑙　真珠瑠璃
象馬牛羊　輦輿車乘　田業僮僕　人民衆多
出入息利　乃遍他國　商估賈人　无處不有
千万億衆　圍繞恭敬　常為王者　之所愛念
羣臣豪族　皆共宗重　以諸緣故　往來者衆
豪富如是　有大力勢　而年朽邁　益憂念子
夙夜惟念　死時將至　癡子捨我　五十餘年
庫藏諸物　當如之何　尒時窮子　求索衣食
從邑至邑　從國至國　或有所得　或无所得
飢餓羸瘦　體生瘡癬　漸次經歷　到父住城

從邑至邑　從國至國　或有所得　或无所得
飢餓羸瘦　體生瘡癬　漸次經歷　到父住城
傭賃展轉　遂至父舍　尒時長者　於其門內
施大寶帳　處師子座　眷屬圍繞　諸人侍衛
或有計算　金銀寶物　出內財產　注記券疏
窮子見父　豪貴尊嚴　謂是國王　若是王等
驚怖自怪　何故至此　覆自念言　我若久住
或見逼迫　強驅使作　思惟是已　馳走而去
借問貧里　欲往傭作　長者是時　在師子座
遥見其子　嘿而識之　即勑使者　追捉將來
窮子驚喚　迷悶躃地　是人執我　必當見殺
何用衣食　使我至此　長者知子　愚癡狹劣
不信我言　不信是父　即以方便　更遣餘人
眇目矬陋　无威德者　汝可語之　云當相雇
除諸糞穢　倍與汝價　窮子聞之　歡喜隨來

為除糞穢　淨諸房舍　長者於牖　常見其子
念子愚劣　樂為鄙事　於是長者　著弊垢衣
執除糞器　往到子所　方便附近　語令勤作
既益汝價　并塗足油　飲食充足　薦席厚暖
如是苦言　汝當勤作　又以軟語　若如我子
長者有智　漸令入出　經二十年　執作家事
示其金銀　真珠頗梨　諸物出入　皆使令知
猶處門外　止宿草庵　自念貧事　我無此物
父知子心　漸已曠大　欲與財物　即聚親族
國王大臣　剎利居士　於此大眾　說是我子
捨我他行　經五十歲　自見子來　已二十年
昔於某城　而失是子　周行求索　遂來至此
凡我所有　舍宅人民　悉以付之　恣其所用
子念昔貧　志意下劣　今於父所　大獲珍寶
并及舍宅　一切財物　甚大歡喜　得未曾有

子念昔貧　志意下劣　今於父所　大獲珍寶
并及舍宅　一切財物　甚大歡喜　得未曾有
佛亦如是　知我樂小　未曾說言　汝等作佛
而說我等　得諸无漏　成就小乘　聲聞弟子
佛勅我等　說最上道　脩習此者　當得成佛
我承佛教　為大菩薩　以諸因緣　種種譬喻
若干言辞　說无上道　諸佛子等　從我聞法
日夜思惟　精勤脩習　是時諸佛　即授其記
汝於來世　當得作佛　一切諸佛　祕藏之法
但為菩薩　演其實事　而不為我　說斯真要
如彼窮子　得近其父　雖知諸物　心不悕取
我等雖說　佛法寶藏　自无志願　亦復如是
我等內滅　自謂為足　唯了此事　更无餘事
我等若聞　淨佛國土　教化衆生　都无欣樂
所以者何　一切諸法　皆悉空寂　无生无滅

无大无小　无漏无為　如是思惟　不生喜樂
我等長夜　於佛智慧　无貪无著　无復志願
而自於法　謂是究竟　我等長夜　脩習空法
得脫三界　苦惱之患　住最後身　有餘涅槃
佛所教化　得道不虛　則為已得　報佛之恩
我等雖為　諸佛子等　說菩薩法　以求佛道
而於是法　永无願樂　導師見捨　觀我心故
初不勸進　說有實利　如富長者　知子志劣
以方便力　柔伏其心　然後乃付　一切財物
佛亦如是　現希有事　知樂小者　以方便力
調伏其心　乃教大智　我等今日　得未曾有
非先所望　而今自得　如彼窮子　得无量寶
世尊我今　得道得果　於无漏法　得清淨眼
我等長夜　持佛淨戒　始於今日　得其果報
法王法中　久脩梵行　今得无漏　无上大果

我等長夜 持佛淨戒 始於今日 得其果報
法王法中 久脩梵行 今得无漏 无上大果
我等今者 真是聲聞 以佛道聲 令一切聞
我等今者 真阿羅漢 於諸世間 天人魔梵
普於其中 應受供養 世尊大恩 以希有事
憐愍教化 利益我等 无量億劫 誰能報者
手足供給 頭頂礼敬 一切供養 皆不能報
若以頂戴 兩肩荷負 於恒沙劫 盡心恭敬
又以美饍 无量寶衣 及諸卧具 種種湯藥
牛頭栴檀 及諸珎寶 以起塔廟 寶衣布地
如斯等事 以用供養 於恒沙劫 亦不能報
諸佛希有 无量无邊 不可思議 大神通力
无漏无為 諸法之王 能為下劣 忍于斯事
取相凡夫 隨宜為說 諸佛於法 得最自在
知諸衆生 種種欲樂 及其志力 隨所堪任

以无量喻　而為說法　隨諸眾生　宿世善根
又知成熟　未成熟者　種種籌量　分別知已
於一乘道　隨宜說三

妙法蓮華經卷第二

圖書在版編目（CIP）數據

中國國家圖書館藏敦煌文獻．第六九册 / 中國國家圖書館編．—北京：國家圖書館出版社，2024.12

ISBN 978-7-5013-7991-0

Ⅰ．①中… Ⅱ．①中… Ⅲ．①敦煌學－文獻 Ⅳ．① K870.6

中國國家版本館 CIP 數據核字（2024）第 036735 號

書　　名	中國國家圖書館藏敦煌文獻·第六九册
著　　者	中國國家圖書館　編
項目統籌	魏　崇　殷夢霞
責任編輯	程魯潔　潘　竹　黄　鑫　苗文葉
責任校對	王　哲
出版發行	國家圖書館出版社（北京市西城區文津街 7 號　100034） （原書目文獻出版社　北京圖書館出版社） 010-66114536　63802249　nlcpress@nlc.cn（郵購）
網　　址	http://www. nlcpress. com
排版印裝	天津裕同印刷有限公司
版次印次	2024 年 12 月第 1 版　2024 年 12 月第 1 次印刷
開　　本	787 × 1092　1/8
印　　張	39.5
書　　號	ISBN 978-7-5013-7991-0
定　　價	2800.00 圓